ECA

E A PROTEÇÃO INTEGRAL DE CRIANÇAS E ADOLESCENTES

Dados Internacionais de Catalogação na Publicação (CIP)
(Câmara Brasileira do Livro, SP, Brasil)

ECA e a proteção integral de crianças e adolescentes / Eunice Teresinha Fávero, Francisca Rodrigues Oliveira Pini, Maria Liduína de Oliveira e Silva (orgs.). — 1. ed. — São Paulo : Cortez, 2020.

Vários autores.
Bibliografia
ISBN 978-65-5555-004-7

1. Educação 2. Educadores 3. Doutrina da Proteção Integral 4. Estatuto da Criança e do Adolescente (ECA) 5. Menores - Estatuto legal, leis, etc. - Brasil 6. Problemas sociais I. Fávero, Eunice Teresinha. II. Pini, Francisca Rodrigues Oliveira. III. Silva, Maria Liduína de Oliveira e.

20-37962 CDD-632.76

Índices para catálogo sistemático:

1. Proteção integral : Direitos fundamentais : Crianças e adolescentes : Problemas sociais 632.76

Maria Alice Ferreira - Bibliotecária - CRB-8/7964

Eunice Teresinha Fávero
Francisca Rodrigues Oliveira Pini
Maria Liduína de Oliveira e Silva
(Orgs.)

ECA E A PROTEÇÃO INTEGRAL DE CRIANÇAS E ADOLESCENTES

1ª edição

1ª reimpressão

CORTEZ EDITORA

ECA E A PROTEÇÃO INTEGRAL DE CRIANÇAS E ADOLESCENTES
Eunice Teresinha Fávero • Francisca Rodrigues Oliveira Pini •
Maria Liduína de Oliveira e Silva (Orgs.)

Capa: aeroestúdio
Preparação de originais: Jaci Dantas de Oliveira
Revisão: Ana Paula Luccisano
Diagramação: Linea Editora
Coordenação editorial: Danilo A. Q. Morales
Editora-assistente: Priscila F. Augusto

Direitos para esta edição
CORTEZ EDITORA
R. Monte Alegre, 1074 — Perdizes
05014-001 — São Paulo-SP
Tel.: +55 11 3864 0111 | 3611 9616
cortez@cortezeditora.com.br
www.cortezeditora.com.br

Impresso no Brasil — maio de 2023

Este livro é dedicado a todas as crianças e adolescentes que estão submetidos à opressão do Estado capitalista e que, ainda assim, resistem e não perdem o sorriso do rosto e a alegria de brincar.

O apanhador de desperdícios

Uso a palavra para compor meus silêncios.
Não gosto das palavras
fatigadas de informar.
Dou mais respeito
às que vivem de barriga no chão
tipo água pedra sapo.
Entendo bem o sotaque das águas.
Dou respeito às coisas desimportantes
e aos seres desimportantes.
Prezo insetos mais que aviões.
Prezo a velocidade
das tartarugas mais que a dos mísseis.
Tenho em mim esse atraso de nascença.
Eu fui aparelhado
para gostar de passarinhos.
Tenho abundância de ser feliz por isso.
Meu quintal é maior do que o mundo...

Manoel de Barros (1916-2014)

SUMÁRIO

PREFÁCIO

Precisamos redescobrir e reafirmar as forças transformadoras

No declínio do regime militar, na década de 1980, a sociedade brasileira lidava com a situação de pobreza e violência de que a maioria de seus filhos havia sido vítima. Segundo o IBGE, a taxa de mortalidade infantil em 1980 atingia 7,3%, e quase 2000 crianças e adolescentes foram assassinados entre 1988 e 1991. Grupos de defesa afirmam que 90% desses assassinatos ficaram impunes pelo sistema judicial brasileiro. No entanto, o assassinato de crianças carentes e adolescentes era apenas a expressão extrema da violência diária a que os jovens brasileiros estavam expostos: exploração sexual, fome, pobreza, doença, tráfico de crianças, exploração do trabalho infantil e analfabetismo eram outras tragédias enfrentadas pela juventude brasileira e latino-americana.

Precisamente em maio de 1986 o Brasil foi acordado por um evento inédito, acostumado como era a fóruns e congressos nacionais das diversas categorias sociais ou religiosas.

Na época, parecia impossível imaginar que mais de quinhentos adolescentes, representando milhares de meninos e meninas de rua espalhados pelo Brasil, vítimas da mais severa exclusão social, seriam capazes de se mobilizar no primeiro encontro nacional de meninos e meninas de rua. No entanto eles, com sucesso, formaram comissões em mais de 20 estados brasileiros, convocaram assembleias estaduais para escolher os seus representantes ao encontro nacional e apresentaram suas demandas perante os olhares atônitos de políticos, de repórteres e da sociedade brasileira em geral.

A partir dos corredores e assentos do Congresso Nacional, meninos e meninas do Movimento Nacional de Meninos e Meninas de Rua exigiam reconhecimento e respeito pela sua dignidade.

No final dessa década as instituições democráticas brasileiras eram restabelecidas através da revisão da Constituição. Mas mesmo antes disso, membros da comunidade, igrejas, grupos minoritários, sindicatos, bem como organizações não governamentais, políticos e alguns órgãos do governo já tinham começado o trabalho de levantar os problemas das crianças como prioridades nacionais na agenda política. A inclusão do artigo 227 na Constituição Brasileira de outubro de 1988 consolidava o desejo da nação de considerar os seus filhos com dignidade.

Nos anos de 1990 as lutas pelos direitos das crianças e adolescentes, que vinham acontecendo, apesar das leis, passaram a contar com o suporte de um novo aparato legal, centrado no conceito de proteção integral das crianças e jovens como sujeitos de direito.

Homologava-se o Estatuto da Criança e do Adolescente, construído num inédito mutirão nacional.

Rasgava-se o véu da cegueira social escancarando a situação submersa do trabalho infantil, do trabalho infantil doméstico, dos meninos e meninas de rua, do abuso e exploração sexual, dos adolescentes em conflito com a lei e do extermínio da juventude.

Num contexto em que o trato com a situação da criança estava marcadamente urbano e dos grandes centros urbanos, realizava-se uma pesquisa sobre a situação das crianças e adolescentes no interior amazônico, em 18 áreas contexto dos estados da região, contemplando áreas de garimpo, de grandes projetos, de colonização, de fronteira e das realidades indígena e ribeirinha.

> *Mensalmente chegavam em Laranjal do Jari, no Amapá, barcos trazendo novas garotas para as atividades noturnas. Geralmente elas eram levadas dos bairros de periferia das grandes cidades, ou de cidades do interior do Pará e do Maranhão, para trabalharem como copeiras ou garçonetes, com despesas pagas pelos donos dos bordéis. Eram surpreendidas, no entanto, com o serviço a ser prestado e não o tratado, e com a dívida contraída. Para se livrarem, empenhavam-se em pegar o maior número possível de "chaves" por noite, mas a "pionagem" da dívida as tornava escravas. No Crepurizinho, garimpo de Itaituba, no Pará, assim como em outros garimpos, esta situação não era diferente, pois meninas eram aliciadas e forçadas a ingressarem precocemente em atividades sexuais, sem cautela, orientação, e sem nenhum controle de natalidade.*

Assim se reproduzia, nos garimpos, nos contornos dos grandes projetos e nas periferias urbanas, o descaminho para crianças e jovens.

A despeito de todo um histórico de luta da comunidade, e das conquistas decorrentes desse processo para a melhoria de vida das populações, ainda existem dificuldades graves a serem superadas, como o alto índice de violência, insegurança, precariedade nos serviços de saúde, desemprego, subempregos e precariedade das escolas, que reduzem as possibilidades de inclusão de crianças, adolescentes e jovens na vida social.

Toda essa situação depois de quantos anos de Estatuto?

Todo ano é novo em janeiro e velho em dezembro!

Todo ano velho passa ao novo velhos desafios! E velhas vergonhas!! E até hoje não fomos capazes de nos envergonhar ao ponto de tornar essa realidade incomum! Todo ano velho passa ao novo, aos milhares, crianças e adolescentes exploradas pelo sexo, pelo trabalho precoce, pela droga e pelo crime, e uma constelação de outras à beira disso tudo!

O resgate das condições de vida das crianças e adolescentes que convivem com a luta pela sobrevivência sempre tem sido um dos maiores desafios na aplicação do Estatuto da Criança e do Adolescente.

O processo de empobrecimento das camadas populares, agravado pela falta de políticas sociais abrangentes e integradas, tanto no meio rural como urbano, provoca a presença acentuada das crianças e adolescentes assumindo responsabilidades dos adultos, expostas ao trabalho precoce e a outras formas de exploração.

Profunda tristeza, dor e indignação invadem o coração toda vez que vidas são ceifadas pela violência que infelizmente marca o nosso cotidiano! Entretanto, o discurso "bandido bom é bandido morto" tem se tornado tão frequente ao ponto de, lamentavelmente, já fazer parte do imaginário popular! A perda do valor da vida traz de volta a barbárie a se entranhar nas relações de uma sociedade doente!

Quem mora ou convive nos bairros periféricos das grandes cidades, ou nos interiores amazônicos, sente de perto a gravidade da situação das crianças e jovens brasileiros. A cada ano novas esperanças aparecem e, não raro, novas decepções deixam o gosto amargo da impotência.

Como será a vida dos nossos jovens e de nossas crianças daqui a dez anos? É preciso superar a fragmentação das ações, programas e projetos, tanto nas esferas de governo como da sociedade civil. Urge criar uma nova cultura no trato com as questões sociais: a cultura da integralidade das ações. Talvez seja um dos maiores desafios.

Temos uma imensa dívida social a pagar para milhares e milhões de vidas brasileiras: até agora têm sido pagas migalhas dessa dívida. Quanto ao principal... Foi um calote! E tudo indica que esse calote vai continuar ainda por muito tempo.

Não se exigem, com igual indignação, de um Estado omisso, políticas sociais inclusivas e universais, educação de qualidade, centros esportivos para juventude e praças nas periferias, que poderiam abrir novas perspectivas a gerações inteiras de crianças e jovens! Hoje e no futuro!

Demonizam-se os "direitos humanos" porque "defendem bandido", quando, na verdade, primam pela defesa da vida e da dignidade humana, sempre que vitimadas pela injustiça e pelo abuso do poder, da força e do dinheiro.

Precisamos redescobrir e reafirmar as forças transformadoras que, pautadas no cristianismo ou em outras religiões ou humanismos, sonham por um mundo de Justiça, Paz e Harmonia universal. Forças que hoje mais do que nunca precisam assumir conjuntamente o desafio de ser uma voz diferente, se contrapondo à predominância de uma visão distorcida dos rumos a serem trilhados. O desafio é gigantesco. E é de todos.

"A criança é o homem em estado de poesia", e todas as crianças "hão de nos reensinar a vida", escreve o poeta Paes Loureiro. Que elas sejam o centro de gravitação de um povo.

Precisamos olhar de frente os desafios que hoje se põem e exigem políticas públicas firmes e corajosas, que efetivamente privilegiem o resgate das condições de vida digna para todos.

Infelizmente a economia de mercado está nos tolhendo a capacidade de sonhar e caminhar na realização de nossas utopias.

Não quero ser escravo disso: quero continuar com meus sonhos e lutando pelas minhas utopias que, graças a Deus, são os mesmos sonhos e utopias de uma miríade de homens e mulheres: um dia, nós ou nossos filhos, iremos conseguir viver num mundo em estado de poesia.

Agradeço ao presente trabalho que, ao mesmo tempo que traz boas lembranças e tantos desafios enfrentados, busca manter sempre atual o compromisso com a luta pela dignidade das crianças e jovens da nossa e de todas as sociedades. Parabéns aos seus realizadores.

Belém, fevereiro de 2020.

Pe. Bruno Sechi (*in memoriam* ★ 31 jul. 1939 † 29 maio 2020)
Fundador do Movimento República de Emaús
Belém-Pará

APRESENTAÇÃO

Resistências ao desmonte do ECA

Nossa linda juventude,
página de um livro bom
Canta que quero cais e calor,
claro como o sol raiou.
Flávio Venturini e *Márcio Borges*

A crise do capital marcada pela atual configuração do trabalho, pelo desemprego, subemprego e pelo desmonte das políticas sociais tem se intensificado com acentuada minimização dos direitos sociais e atingindo, especialmente, o direito à proteção integral de crianças e adolescentes. Essa crise, estrutural, ao mesmo tempo tem promovido a desregulamentação dos direitos humanos/sociais, com forte incremento nas expressões da questão social no Brasil, impactando diretamente a vida social.

No interior dessa realidade, ganham espaço reações voltadas para retrocessos em relação ao disposto no Estatuto da Criança e do Adolescente (ECA), no que se refere ao direito da criança à convivência familiar prioritariamente com a família de origem, assim como para redução da maioridade penal — (entre tantos outros retrocessos, num processo cada vez mais acentuado de culpabilização, responsabilização e criminalização da população apartada do acesso aos direitos sociais). Também a judicialização da questão social se sobressai em detrimento da efetividade do Sistema de Garantia de Direitos de Crianças e Adolescentes.

Assim, nesse tempo de desmonte dos direitos humanos e sociais conquistados na Constituição Federal, na Convenção Internacional dos Direitos da Criança e no Estatuto da Criança e do Adolescente (ECA), esta coletânea se propõe a celebrar a história e a elaborar um balanço crítico dos 30 anos de vigência do ECA e da Proteção Integral de crianças e adolescentes, na perspectiva de contribuir com as lutas e resistências à desconfiguração e à fragmentação do ECA e, ao mesmo tempo, reafirmar o paradigma da proteção integral como base e orientação à garantia dos direitos infantojuvenis.

Esta coletânea tem sua importância estratégica para as profissões das ciências humanas e sociais, bem como para os movimentos sociais, sindicais e para a Cortez Editora, na direção de contribuir com a produção do conhecimento e debate atual a respeito do ECA, da Proteção Integral, da questão social e do serviço social, contribuindo ainda para a integração com as demais áreas do conhecimento. Nesse sentido, integra também esforço do Núcleo de Estudos e Pesquisas sobre Crianças e Adolescentes: ênfase no Sistema de Garantia de Direitos (NCASGD/PUC-SP) e do Grupo de Estudo, Pesquisa e Extensão sobre Crianças, Adolescentes e Famílias (GCAF/UNIFESP) em contribuir com a campanha "Proteger é Garantir Direitos", levada por vários movimentos e organizações voltadas para a promoção e defesa da proteção integral, que foi lançada em outubro de 2019 e com previsão de encerramento em outubro de 2020, passando pela comemoração dos 30 anos do ECA no dia 13 de julho de 2020.

Concebido ao longo de vários anos e por força da luta levada por organizações e movimentos democráticos populares, sobretudo nos anos 1980, o ECA, promulgado em 1990, tem como esteio o paradigma da proteção integral — que implica que crianças e adolescentes são sujeitos de direitos, em condição peculiar de desenvolvimento e têm prioridade absoluta.

O marco civilizatório aí anunciado exigia e exige a efetivação de um Sistema de Garantia de Direitos, com relações horizontalizadas, participação democrática e promoção de políticas públicas voltadas de fato para a efetivação do direito à proteção integral.

Suas disposições, no entanto, não se sustentaram nesses 30 anos sem embates, críticas e tentativas de fragmentá-lo ou de destruí-lo, especialmente no que se refere ao direito à convivência familiar e comunitária e às medidas socioeducativas destinadas a adolescentes a quem se atribui ato infracional. Mesmo que o ECA, contraditoriamente ao paradigma da proteção integral, tenha definido dispositivos com vista ao controle sociopenal de adolescentes, as forças retrógradas e compactuadas com processos de apartação social e de criminalização de jovens pobres sempre estiveram nesses anos em busca da aprovação da redução da maioridade penal, com projetos de lei para redução para 16 e até para 14 anos de idade. Da mesma maneira, muitos projetos de lei tramitaram e tramitam visando facilitar processos de retirada de crianças de suas famílias de origem, pela adoção, em detrimento da efetivação de direitos sociais à educação, ao trabalho, à moradia adequada, à saúde, à cultura e ao lazer, ao trabalho decente, entre outros — previstos constitucionalmente —, para que as crianças convivam com os seus em condições de dignidade. Isto é, a aposta na ampliação da desigualdade social bate de frente com o direito à proteção integral e, nesse embate, a necessária resistência ao desmonte de direitos em curso neste país — dentre os quais os dispostos no ECA — requer que estejamos permanentemente alertas e fortalecidos para escolher e contribuir com o lado das forças democrático-populares na luta pelos direitos humanos e pela justiça social. E é nesse sentido que esta coletânea também se coloca.

Cabe ressaltar que, ao longo dos 30 anos, muitos avanços foram obtidos em relação aos direitos fundamentais no Brasil. Em relação ao direito à vida e à saúde, podemos citar a redução da mortalidade infantil, fruto do resultado de um conjunto de ações articuladas das políticas sociais como: aumento da cobertura vacinal da população, uso da terapia de reidratação oral, aumento da cobertura do pré-natal, ampliação dos serviços de saúde, melhoria das condições ambientais, aumento do grau de escolaridade das mães e das taxas de aleitamento materno (Brasil, 2017)[1]. Em contrapartida, quando falamos de juventude, temos um retrocesso em relação ao direito de viver.

Dados do *Atlas da Violência* (IPEA, 2019)[2] revelam que, apenas em 2017, 35.783 jovens de 15 a 29 anos foram mortos, uma taxa de 69,9 homicídios para cada 100 mil jovens, recorde nos últimos 10 anos.

O *Atlas da Violência* reflete o perfil das vítimas, homem jovem, solteiro e negro e com até sete anos de estudos. Os homicídios respondem por 59,1% dos óbitos de homens entre 15 e 19 anos no Brasil (IPEA, 2019).

Tratando-se do direito à educação, à cultura, ao esporte e ao lazer, o artigo 53 do ECA traz a seguinte redação:

> A criança e o adolescente têm direito à educação, visando ao pleno desenvolvimento de sua pessoa, preparo para o exercício da cidadania e qualificação para o trabalho, assegurando-se-lhes:
> I — igualdade de condições para o acesso e permanência na escola;
> II — direito de ser respeitado por seus educadores;
> III — direito de contestar critérios avaliativos, podendo recorrer às instâncias escolares superiores;
> IV — direito de organização e participação em entidades estudantis;
> V — acesso à escola pública e gratuita, próxima de sua residência, garantindo-se vagas no mesmo estabelecimento a irmãos que frequentem a mesma etapa ou ciclo de ensino da educação básica. (Redação dada pela Lei n. 13.845, de 2019).

---

1. Ministério da Saúde. SAÚDE BRASIL 2017. Uma análise da situação de saúde e os desafios para o alcance dos Objetivos de Desenvolvimento Sustentável. Disponível em: <:http://bvsms.saude.gov.br/bvs/publicacoes/saude_brasil_2017_analise_situacao_saude_desafios_objetivos_desenvolvimento_sustetantavel.pdf>. Acesso em: 22 jan. 2020.

2. IPEA e FÓRUM BRASILEIRO DE SEGURANÇA PÚBLICA. Atlas da Violência. Disponível em: http://www.ipea.gov.br/atlasviolencia/arquivos/downloads/7047-190802atlasdaviolencia2019municipios.pdf. Acesso em: 22 jan. 2020.

No direito à educação, o maior avanço das três décadas foi a universalização do ensino fundamental, alcançando, em 2019, quase 100%. No entanto, o acesso não significou a permanência com qualidade, tendo em vista as defasagens na leitura e escrita, quando concluída a modalidade. Em relação à educação infantil, conforme o Relatório de Avaliação das Metas do Plano Nacional de Educação (2019), até 2016, o Brasil deveria ter alcançado 100% de matrículas às crianças de 4 e 5 anos. Desde 2014, primeiro ano de vigência do PNE, a taxa de escolarização cresceu apenas 4 dos 11% necessários para chegar à totalidade esperada. Para que metade das crianças brasileiras de até 3 anos esteja na escola em 2024, seria necessário investir o suficiente para garantir o acesso de mais 20% da população nessa faixa etária às vagas nas creches. Em 2017, o aumento havia sido de apenas 4%.

O Relatório da Campanha Nacional pelo Direito à Educação avalia que houve avanços no Brasil nos últimos anos para que a educação infantil pudesse ser ofertada com qualidade, sob a ótica da educação, em espaços institucionais públicos não domésticos que constituem estabelecimentos educacionais organizados para atender crianças de até seis anos de idade no período diurno, preferencialmente em jornada integral. Os atuais governos têm adotado políticas inadequadas à primeira infância e que não garantem as especificidades da educação das crianças pequenas, como exemplo o Programa "Criança Feliz", que é um retrocesso e dotado de uma perspectiva da educação assistencialista[3].

Em relação ao direito à participação das crianças e dos adolescentes em canais democráticos, há várias experiências no Brasil que buscam influenciar a cultura participativa na sociedade. No entanto, fica evidenciada a falta de investimentos em canais de participação nas políticas sociais, a começar pela escola. A participação é um direito e, independentemente dos resultados, ela precisa ser assegurada, pois as crianças e adolescentes, como todos nós, são seres de

3. Relatório de Avaliação das Metas do Plano Nacional de Educação, 2019. Disponível em: https://campanha.org.br/. Acesso em: 22 jan. 2020, p. 18-19.

relações e quanto mais socializados estiverem, mais humanizados serão. A participação coletiva educa para a vida em sociedade e para a convivência comunitária.

A Constituição Federal Brasileira, de 1988, em seu artigo 217, apresenta a política de esportes para crianças e adolescentes e afirma que é "dever do Estado fomentar práticas desportivas nos âmbitos formal e informal" e, na mesma direção, o Estatuto da Criança e do Adolescente a aborda como direito fundamental. No entanto, o fomento de ações nessas políticas foi irrisório nesses 30 anos. A política de esportes no Brasil está mais centrada no alto rendimento da pessoa do que em uma prática educacional. Em relação a crianças e adolescentes das famílias da classe trabalhadora, o incentivo público no esporte ocorre ainda no ensino fundamental; nas demais faixas etárias o acesso ocorre por meio de organizações privadas.

Em relação ao Direito à Convivência Familiar e Comunitária, podemos afirmar que o Plano Nacional de Promoção, Proteção e Defesa do Direito de Crianças e Adolescentes à Convivência Familiar e Comunitária, aprovado em 2006 pelo Conselho Nacional dos Direitos da Criança e do Adolescente (Conanda), representa um avanço para a garantia desse direito ao traçar as estratégias, objetivos e diretrizes para o fortalecimento dos vínculos familiares. Define o Estado como responsável na garantia do atendimento nos serviços de acolhimento e no investimento para o retorno ao convívio com a família de origem. Demarca o rompimento com a cultura da institucionalização de crianças e adolescentes, e fortalece o princípio da proteção integral e da convivência familiar e comunitária.

O orçamento público sofreu o maior golpe dos últimos 30 anos, com a Emenda Constitucional n. 95/2016, a qual determina que nenhum investimento nas áreas sociais possa ser superior ao reajuste inflacionário até 2036, e isso impactará frontalmente no acesso aos direitos sociais das novas gerações. Como o Estado garantirá os direitos das crianças e adolescentes se ele impede os avanços nas políticas estruturantes, as quais garantem às famílias autonomia para cuidar dos seus/suas filhos/filhas?

Passamos três décadas sem conseguirmos integrar os direitos humanos de crianças e adolescentes. A transversalidade prevista no ECA, a qual deveria perpassar todas as áreas do conhecimento, como áreas dos direitos humanos, não foi apreendida nos planos das políticas sociais, no sistema de justiça e no legislativo. A fragmentação, o isolamento e a descontinuidade marcaram os 30 anos do Estatuto da Criança e do Adolescente.

As ciências humanas e sociais ainda não têm significativa e importante produção bibliográfica sobre a proteção integral de crianças e adolescentes e suas famílias. Nesse sentido, é possível perceber que o momento atual exige esforços para interpretar os determinantes contemporâneos à luz da Teoria Social Crítica e a sua feição particular para essa área na linha dos direitos humanos das crianças e dos adolescentes.

Assim, esperamos que esta coletânea ofereça uma importante contribuição ao público das áreas de Serviço Social, Ciências Sociais, Educação, Saúde, Direito e das humanidades em geral, a partir de um esforço complementar não somente da análise, mas de evidências da realidade social e dos fenômenos fundamentais do sistema capitalista e sua complexidade para o processo civilizatório no século XXI.

Os capítulos que compõem esta coletânea, construídos por diferentes áreas do conhecimento e uso de diferentes metodologias, mantêm o alinhamento teórico com a perspectiva crítica, bem como com a autenticidade dos textos.

Trata-se de expor, a partir do rigor teórico-metodológico e do caráter inédito dos capítulos, os conceitos e os fundamentos da sociedade capitalista na sua interlocução com a proteção integral de crianças e adolescentes. Articulado a esses debates, tratará também da proteção integral de crianças e adolescentes e a transversalidade nas políticas sociais, reportando à persistência de certas inflexões que configuram a interseção das políticas sociais, incluindo as clivagens e transversalidades de gênero, raça/etnia e a questão da classe social. Conectada a essa discussão, apresentará renovada formulação acerca do controle democrático e participação popular na luta pela garantia dos direitos humanos de crianças e adolescentes, a partir dos movimentos de resistências e de lutas sociais, incluindo o controle social e a participação popular na garantia de direitos.

A coletânea pretende debater e refletir sobre avanços, retrocessos e perspectivas da doutrina da proteção integral numa conjuntura de regressão de direitos, articulando esse debate com a intersecção de classe, gênero, raça/etnia, numa direção comprometida com as lutas sociais em defesa da proteção integral de crianças, adolescentes e famílias.

Referências

BRASIL. Ministério da Saúde. Secretaria de Políticas de Saúde. Uma análise da situação de saúde e os desafios para o alcance dos Objetivos de Desenvolvimento Sustentável. 2017. Disponível em: http://bvsms.saude.gov.br/bvs/publicacoes/saude_brasil_2017_analise_situacao_ saude_desafios_objetivos_ desenvolvimento_sustetantavel.pdf. Acesso em: 22 jan. 2020.

CAMPANHA NACIONAL PELO DIREITO À EDUCAÇÃO. PLANO NACIONAL DE EDUCAÇÃO: 5 ANOS DE DESCUMPRIMENTO, 2019. Disponível em: https://campanha.org.br/. Acesso em: 22 jan. 2020.

IPEA; FÓRUM BRASILEIRO DE SEGURANÇA PÚBLICA. *Atlas da Violência*, 2019. Disponível em: http://www.ipea.gov.br/atlasviolencia/arquivos/downloads/7047-190802atlasdaviolencia2019municipios.pdf. Acesso em: 22 jan. 2020.

Verão. São Paulo, 2020.

Eunice Teresinha Fávero
Francisca Rodrigues Oliveira Pini
Maria Liduína de Oliveira e Silva

CAPÍTULO 1

ECA e suas mudanças em 30 anos de vigência

Paulo Afonso Garrido de Paula

1. Constituição Federal, Código de Menores e o ECA

O Estatuto da Criança e do Adolescente, Lei Federal n. 8.069, de 13 de julho de 1990, é fruto da Constituição Federal, chamada pelo Deputado Ulisses Guimarães de "Constituição Cidadã", quando de sua promulgação pela Assembleia Nacional Constituinte, aos 5 de outubro de 1988. A Constituição, rompendo com a tradição jurídica anterior que enxergava crianças e adolescentes apenas como objetos de intervenção do mundo adulto, destinatários quando muito de uma proteção reflexa, mediante normas destinadas a pais e responsáveis, como aquelas que definiam o conteúdo do poder familiar, expressamente arrimou crianças e adolescentes como titulares de direitos, tendo a potencialidade de obrigar Família, Sociedade e Estado. Mudando o paradigma, cambiando a posição passiva de objeto para a ativa de sujeito, a Constituição da República projetou verdadeira mudança cultural, reação a séculos de verdadeira indiferença aos interesses de crianças e adolescentes.

Com seu advento, surgiu a necessidade de mudar a legislação infraconstitucional, representada especialmente pelo então vigente Código de Menores, Lei n. 6.697, de 10 de outubro de 1979, porquanto traduzia diploma legal absolutamente inconciliável com o novo *status* jurídico conferido a crianças e adolescentes pela Carta Magna. O Código de Menores tinha como pedra angular a verificação de uma situação de fato adjetivada de "irregular", posto que representativa de um desvio da normalidade social pressuposta pelo legislador. Constatada essa situação, era imprescindível a aplicação de uma medida capaz de trazer crianças e adolescentes de volta ao estado desejado, de modo que providências como advertência, entrega aos pais, colocação em família substituta, liberdade assistida, inclusão em casa de semiliberdade e internação eram consideradas como instrumentos eficazes ou antídotos a situações reveladoras de "patologia social", como o abandono, a carência, maus-tratos, desvios de conduta e até mesmo a prática de infrações penais, nas expressões constantes daquela lei. Na vigência de uma Constituição que conferia a crianças e adolescentes a titularidade de direitos, como os relacionados à liberdade e os determinantes à consecução da justiça social, como a saúde e educação, a estreita visão do Código de Menores era absolutamente inconciliável com a nova disciplina.

A revogação do Código de Menores, com a sua substituição por um novo diploma legal, concorde com a nova Constituição da República, era, portanto, tarefa que se inseria no contexto da necessidade de remoção do chamado "entulho autoritário", expressão cunhada na época para designar o acervo de leis produzidas durante a ditadura militar, sem a legitimidade de sua aprovação por um parlamento independente e escolhido com liberdade para a feitura de leis voltadas exclusivamente à consecução do interesse público.

Assim, sob os mesmos influxos dos desideratos de liberdade e justiça social, anseios primordiais da Assembleia Nacional Constituinte, a mesma articulação de instituições, entidades e pessoas, que se uniram para influir na redação da Constituição Federal, se movimentou para a elaboração de um anteprojeto de lei que vivificasse as promessas constitucionais para com as crianças e adolescentes brasileiros, resultando na promulgação, em 13 de julho de 1990, do Estatuto da Criança e do Adolescente, diploma legal que disciplinou os novos direitos e expressamente revogou o antigo Código de Menores, estabelecendo um novo marco regulatório dos direitos da criança e do adolescente no Brasil.

2. Síntese do conteúdo jurídico do ECA

Numa breve síntese, é possível indicar que o Estatuto da Criança e do Adolescente: (a) proclamou os direitos fundamentais da criança e do adolescente; (b) definiu as diretrizes e linhas de ação da política de atendimento a esses direitos; (c) prescreveu mecanismos coletivos e populares de eficácia aos direitos declarados, criando os Conselhos de Direitos e os Conselhos Tutelares; (d) criou novos mecanismos judiciais de validação dos direitos irrealizados; (e) adotou o direito infracional, optando por um sistema de garantias e direitos processuais; (f) promoveu uma revisão no sistema de justiça para com as crianças e adolescentes; (g) adotou a estratégia de serviços em rede; e (h) estabeleceu normas de responsabilização dos obrigados, mediante cominações de penas criminais e administrativas aos infratores das normas de proteção à infância e adolescência.

3. Força cogente do ECA

Toda lei tem força cogente, tem a eficácia de obrigar, de subordinar o interesse de quem quer que seja ao seu comando. Sua maior ou menor força, como fenômeno cultural, depende especialmente de sua aceitação social, do seu reconhecimento como norma de comportamento advinda de um processo legítimo de feitura, baseado na legalidade, na competência de quem legisla e no compromisso de o seu conteúdo guardar pertinência com o interesse público. Ainda que toda lei obrigue e produza efeitos, quanto maior sua legitimidade, maior sua eficácia.

O ECA tem a sua legitimidade especialmente arrimada no seu processo de produção. Em primeiro lugar, sua derivação temporalmente imediata à Constituição Federal de 1988, de modo que transitou pela mesma conformação cultural determinante da refundação do Estado e da Nação. Em segundo, porque seu processo de criação foi essencialmente popular, resultante da mobilização de setores importantes da sociedade, que tinham na tarefa de estabelecimento de um novo marco legal para a infância e juventude o continuar de uma militância em busca de justiça social e liberdade. Em terceiro lugar, porque o conteúdo definido, além de guardar a necessária obediência à Constituição Federal, estava também concorde com novas concepções internacionais introduzidas pela Convenção dos Direitos da Criança, adotada pela ONU em assembleia aos 20 de novembro de 1989[1], de modo que a Constituição e o ECA sofreram influências da Convenção, que, por sua vez, foi influenciada pelos textos brasileiros.

Também é necessário ressaltar que uma lei como o ECA projetou inúmeras transformações, de modo que configura reducionismo

1. A Convenção sobre os Direitos da Criança somente teve vigência no Brasil, como norma supralegal, acima do ECA e aquém da Constituição, depois da promulgação do Estatuto da Criança e do Adolescente. Foi aprovada no Brasil pelo Congresso Nacional através do Decreto Legislativo n. 28, de 14 de setembro de 1990, e seu texto promulgado pela Presidência da República mediante o Decreto n. 99.710, de 21 de novembro de 1990.

perquirir sobre sua eficácia como um todo. Muitas coisas se modificaram e outras ainda ficam dependentes de incrementos variados para que possam produzir resultados mensuráveis. Desta forma, desde o início de sua vigência, instala-se na sociedade brasileira um processo de transformação de inúmeros aspectos atinentes à população infantojuvenil, com modificações e tentativas de câmbios que vão se sucedendo temporalmente, dentro do contexto das novas possibilidades projetadas pelo ECA, valendo lembrar que a força transformadora reside na prática, representando a lei apenas um instrumento, ainda que poderoso, para alavancar as mudanças ditadas pela civilidade.

O reconhecimento da força da lei também não importa imutabilidade. Como expressão de aspirações da sociedade, grupos ou pessoas querem sempre transformar interesses em interesses juridicamente protegidos, de modo que com a vigência da lei nova já surgem pretensões modificativas, ou até mesmo de exclusão da lei nova, seja em razão do inconformismo com o conteúdo, seja motivado pela concepção de que poderia ser melhor ou diferente. E, mais importante, como disciplina de fatos sociais, produto da cultura, o dinamismo das relações que a define vai produzindo outras aspirações de normatização, que se revelam em anseios, cedo ou tarde, de novas modificações nas regras de conduta. Acima disso: a política, muitas vezes derivada de complexos fenômenos sociais determinantes da escolha de representantes que, à luz dos seus compromissos e promessas eleitorais, buscam nas alterações legislativas a satisfação de seus eleitores.

4. Mudanças no ECA nos últimos 30 anos

Depois de sua promulgação, o ECA sofreu inúmeras alterações, decorrentes de trinta e uma (31) novas leis. Segue-se, nesta data, quadro elaborado sob o critério cronológico: (1) Lei n. 8.242, de 12 de outubro de 1991; (2) Lei n. 9.455, de 7 de abril de 1997; (3) Lei n. 9.532, de 10 de dezembro de 1997; (4) Lei n. 9.975, de 23 de junho de 2000;

(5) Lei n. 10.764, de 12 de novembro de 2003; (6) Lei n. 11.259, de 30 de dezembro de 2005; (7) Lei n. 11.829, de 25 de novembro de 2008; (8) Lei n. 12.010, de 3 de agosto de 2009; (9) Lei n. 12.015, de 7 de agosto de 2009; (10) Lei n. 12.038, de 1º de outubro de 2009; (11) Lei n. 12.415, de 9 de junho de 2011; (12) Lei n. 12.594, de 18 de janeiro de 2012; (13) Lei n. 12.696, de 25 de julho de 2012; (14) Lei n. 12.955, de 5 de fevereiro de 2014; (15) Lei n. 12.962, de 8 de abril de 2014; (16) Lei n. 13.010, de 26 de junho de 2014; (17) Lei n. 13.046, de 1º de dezembro de 2014; (18) Lei n. 13.106, de 17 de março de 2015; (19) Lei n. 13.257, de 8 de março de 2016; (20) Lei n. 13.306, de 4 de julho de 2016; (21) Lei n. 13.431, de 4 de abril de 2017; (22) Lei n. 13.436, de 12 de abril de 2017; (23) Lei n. 13.438, de 26 de abril de 2017; (24) Lei n. 13.441, de 8 de maio de 2017; (25) Lei n. 13.509, de 22 de novembro de 2017; (26) Lei n. 13.715, de 24 de setembro de 2018; (27) Lei n. 13.798, de 3 de janeiro de 2019; (28) Lei n. 13.812, de 16 de março de 2019; (29) Lei n. 13.824, de 9 de maio de 2019; (30) Lei n. 13.840, de 5 de junho de 2019; e (31) Lei n. 13.845, de 18 de junho de 2019.

5. Balanço qualitativo

A análise desse conjunto modificativo impõe algumas conclusões preliminares, assim, resumidas: (a) as modificações não alteraram a estrutura do ECA, que permanece íntegra; (b) não se verificaram câmbios ou diminuições de direitos fundamentais, notadamente em razão da sua estatura constitucional; (c) as principais mudanças se operaram principalmente nos campos da adoção, execução das medidas socioeducativas, proteção, especialmente à primeira infância, e repressão aos adultos autores de crimes contra a dignidade sexual de crianças e adolescentes.

Nenhuma das modificações alterou a concepção básica do ECA de que crianças e adolescentes são sujeitos de direitos e que podem exercitá-los frente a família, sociedade e Estado. Aliás, qualquer modificação nesse sentido seria inconstitucional frente ao mandamento residente no artigo 227, *caput*, da Constituição da República, de modo que a técnica de declarar e explicitar os direitos básicos e estabelecer mecanismos para sua efetivação acabou se revelando historicamente acertada. As modificações foram pontuais e não alteraram a estrutura do ECA, muitas vezes inseridas dentro de diplomas que disciplinam matérias direcionadas a campos muito específicos. A título de exemplo, anote-se que a Lei n. 13.812, de 16 de março de 2019, quando estabeleceu regras de uma Política Nacional de Busca de Pessoas Desaparecidas, alterou, modificando o ECA, de 12 para 16 anos de idade a permissão para adolescentes viajarem em território nacional desacompanhados ou sem autorização judicial, desprezando a harmonia e o conteúdo lógico do sistema, posto se o marco dos 12 anos é suficiente para permitir consequências gravíssimas, como a privação de liberdade, o mesmo critério deve ser adotado na permissão de autorização para a livre locomoção em território nacional, o que não foi considerado, talvez por ignorância quanto aos fundamentos do ECA. De toda sorte, tirante eventual incompreensão quanto ao estágio de desenvolvimento do Direito da Criança e do Adolescente, determinante até mesmo de eventual inconstitucionalidade, as citadas leis, em uma análise superficial, não abalam os pilares de sustentação do ECA, representando câmbios pontuais.

Os direitos fundamentais da criança e do adolescente, especialmente os indicados no artigo 227 da Constituição da República — vida, saúde, alimentação, educação, lazer, profissionalização, cultura, dignidade, respeito, liberdade, convivência familiar e comunitária —, tais como disciplinados pelo ECA, não sofreram alterações substanciais, não tendo sido afetados diretamente, como também não experimentaram necessários progressos. Assim, por exemplo, o direito à alimentação que, tirante alguns direitos da nutriz e do educando integrado ao sistema escolar, continua sem uma explicitação legislativa capaz de torná-lo efetivo para parcela significativa da população brasileira submetida à miséria. Também o direito à moradia, que ingressou na Lei Maior mediante a Emenda Constitucional n. 26/2000, ainda carece de regulamentação, reclamando uma disciplina que possibilite a garantia de um teto às famílias, e, com elas, a seus filhos e agregados.

A disciplina do direito à convivência familiar sofreu várias alterações. Destaca-se a Lei n. 12.010, de 3 de agosto de 2009, cuja motivação principal residiu na prescrição de regras relacionadas à adoção internacional, mas que acabou por introduzir dispositivos explicativos, tendentes a garantir a correta aplicação do ECA. Também fez câmbios terminológicos, resultados das concepções pessoais de seus autores, como a troca do termo "abrigo" por "acolhimento institucional", ou derivadas de mudanças em outras áreas, como a troca da locução "pátrio poder" por "poder familiar". Avançou quando reforçou a prioridade da família natural sobre a substituta, colocando a família extensa também como destinatária de orientação, apoio e promoção; quando estabeleceu a necessidade de consentimento do adolescente para toda forma de colocação em família substituta, antes restrita à adoção; quando disciplinou a colocação de criança indígena ou proveniente de quilombolas em família diversa da sua origem; quando regulamentou os cadastros de adotantes e de adotandos; quando, ao reordenar o abrigo como acolhimento institucional, exigiu planos de atendimento individuais para os acolhidos e ação inibitória de guarda em relação aos pais ou responsáveis; quando mandou aplicar as regras sobre adoção também aos maiores de 18 anos de idade, afirmando os desideratos éticos do ECA sobre os contratuais do Código Civil; quando arrimou a possibilidade de ações civis públicas na cobrança de ações, serviços e programas de amparo às famílias. Deve ser destacada, sob o aspecto negativo, a Lei n. 13.509, de 22 de novembro de 2017, que, a pretexto de facilitar a adoção, introduziu normas fragilizando o respeito à família natural, notadamente mediante a redução de prazos necessários ao diagnóstico e prognóstico quanto à viabilidade de promoção da família natural, o que, todavia, esbarra em outras normas e nos princípios estabelecidos em lei, do modo que sem a potencialidade de causar estragos severos.

A Lei n. 12.594, de 18 de janeiro de 2012, instituiu o SINASE (Sistema Nacional de Atendimento Socioeducativo), modificando vários artigos do ECA. Em síntese apertada, organizou um sistema e regulamentou a execução das medidas socioeducativas, destinadas a adolescentes autores de atos infracionais, esclarecendo seus objetivos e princípios, conceituando programas de atendimento, unidades e entidades, prescrevendo as competências da União, dos Estados, Distrito Federal e Municípios, exigindo planos de atendimento socioeducativo, nada mais do que a previsão de ações articuladas nas áreas de educação, saúde, assistência social, cultura, capacitação para o trabalho e esporte. Disciplinou, ainda, os programas de atendimento e estabeleceu regras de acompanhamento e avaliação da gestão do programa socioeducativo. Saliente-se também a normatização dos procedimentos de aplicação das medidas socioeducativas, o alargamento dos direitos individuais dos adolescentes submetidos a medidas socioeducativas, a introdução na área do PIA (Plano Individual de Atendimento), a disciplina da atenção integral à saúde do adolescente no SINASE, inclusive com transtorno mental e/ou dependente químico, a regulamentação das visitas aos internados, a prescrição de normas gerais dos regimes disciplinares e a facilitação da capacitação para o trabalho para os adolescentes submetidos ao sistema.

Em relação à proteção é de se destacar liminarmente o Marco Legal da Primeira Infância, Lei n. 13.257, de 8 de março de 2016, que dispôs sobre políticas públicas para o setor, alterando o ECA com a finalidade de garantir o desenvolvimento saudável nos primeiros anos de vida. Assim, prescreveu princípios, consignando em seu artigo 1º, que o fazia em razão dos desideratos básicos de atender à especificidade e à relevância dos primeiros anos de vida no desenvolvimento infantil e do ser humano, defluindo objetivos de: a) reduzir a mortalidade infantil; (b) promover o desenvolvimento infantil; e (c) garantir, depois da primeira infância desenvolvida de forma saudável, uma base sólida e favorável ao continuar do progresso pessoal e social. Trouxe, portanto, normas de proteção que robustecem o ECA, sob a ótica da intervenção precoce, adotando a prevenção e precaução como valores indispensáveis na garantia do desenvolvimento sadio e harmonioso.

Sob o prisma da proteção é de assinalar, sob o aspecto negativo, a Lei n. 13.438, de 16 de abril de 2017, que ao inserir um § 5º ao artigo 14 do ECA, que originalmente somente tratava das obrigações básicas do Sistema Único de Saúde, determinou, como obrigatória, "a aplicação a todas as crianças, nos seus primeiros dezoito meses de vida, de protocolo ou outro instrumento construído com a finalidade de facilitar a detecção, em consulta pediátrica de acompanhamento da criança, de risco para o seu desenvolvimento psíquico", antes mesmo da existência de consenso científico a respeito do mecanismo para esse diagnóstico, o que pode levar à patologização indevida e/ou medicamentação desnecessária de crianças.

As alterações introduzidas no ECA pela Lei n. 13.010, de 26 de junho de 2014, conhecida como "Lei da Palmada" ou "Lei Menino Bernardo", também aperfeiçoaram o Estatuto, porquanto visam coibir a violência no âmbito das relações familiares, projetando uma educação e cuidados sem o uso de castigos físicos e de tratamentos cruéis ou degradantes. A importância maior dessa lei reside na sua potencialidade de transformação cultural, propondo cambiar a realidade onde a covardia do mundo adulto faz dos mais pequenos suas vítimas preferenciais e induz o pensamento de que a violência pode ser uma solução natural para os conflitos do cotidiano. Abominável que a violência seja utilizada como forma de correção ou disciplina pelos pais, integrantes da família ampliada, responsáveis e agentes públicos, de modo que esta lei teve o mérito de acabar com a exculpação baseada no direito/dever de educação, ficando abusadores e agressores sujeitos às penas previstas no ECA e no Código Penal, desde as mais brandas derivadas da submissão da criança ou adolescente a vexame ou constrangimento até as mais graves decorrentes da tortura.

Como altamente positivas as alterações introduzidas no campo dos crimes prescritos no ECA, destinados à proteção da liberdade, integridade e dignidade sexual de crianças e adolescentes. As leis modificativas atualizaram o padrão inicial do ECA, agravando consequências e atualizando figuras penais, conferindo maior proteção jurídica a crianças e adolescentes vítimas de abusos dos mais diversos.

É de se destacar, inicialmente, a Lei n. 11.829, de 25 de novembro de 2008, que modificou o artigo 240 do ECA, que já tinha sido alterado pela Lei n. 10.764, de 12 de novembro de 2003, ampliando a proteção na esfera da exibição do corpo e na prática de atos sexuais por crianças e adolescentes, incriminando todo aquele que "produzir, reproduzir, dirigir, fotografar, filmar ou registrar, por qualquer meio, cena de sexo explícito ou pornográfica", substituindo as expressões restritivas das redações anteriores por outras, mais largas e, consequentemente, mais protetivas. Aliás, a mesma lei introduziu no ECA outras figuras típicas (artigos 241-A, 242-B, 241-C e 241-D), todas apenadas com reclusão, esclarecendo ainda que "a expressão 'cena de sexo explícito ou pornográfica' compreende qualquer situação que envolva criança ou adolescente em atividades sexuais explícitas, reais ou simuladas, ou exibição dos órgãos genitais de uma criança ou adolescente para fins primordialmente sexuais" (art. 241-E). Já a Lei n. 9.975, de 23 de junho de 2000, incluiu no ECA o art. 244-A, o crime de submissão de criança à prostituição ou exploração sexual, gravando-o com reclusão de quatro a dez anos, e multa, estendendo a punição também para o proprietário, o gerente ou o responsável pelo local, indicando como efeito obrigatório da condenação a cassação da licença de localização e de funcionamento do estabelecimento, sendo posteriormente completada pela Lei n. 13.441, que prescreveu o perdimento de bens e valores relacionados à atividade em favor do Fundo Municipal dos Direitos da Criança onde o crime foi cometido.

No campo penal ainda devem ser destacadas outras alterações, como a advinda da mencionada Lei n. 10.764, de 12 de novembro de 2003, neste aspecto ainda vigente, que agravou a pena do artigo 242 do ECA, passando de detenção para reclusão e aumentando a privação corporal para aquele que "vender, fornecer ainda que gratuitamente ou entregar, de qualquer forma, a criança ou adolescente arma, munição ou explosivo", e a Lei n. 12.015, de 7 de agosto de 2009, fez migrar do Código Penal para o ECA o crime de corrupção de menores (art. 244-B).

Em resumo, o saldo das modificações afigura-se positivo, mormente porque as alterações legislativas guardam concordância com as evoluções culturais e se inserem dentro da normalidade democrática de atualização do arcabouço jurídico regulatório de um segmento, representando o desenho da correlação de forças políticas existentes nos diversos períodos que compõem a nossa história. Os trinta anos analisados sob o prisma da letra da lei — e não da sua eficácia — indicam uma evolução ou atualização legislativa, de modo que os equívocos verificados são muito inferiores aos resultados alcançados pela reforma, representando contributos para o aprimoramento das promessas oficiais de proteção da infância e adolescência.

6. Desafios

O ECA é um produto do estágio civilizatório alcançado pela sociedade, repousando em uma Constituição que prometeu ao povo brasileiro especialmente liberdade e justiça social. Projetado nos mesmos moldes da Convenção dos Direitos da Criança, prescreveu um projeto de convivência entre adultos e crianças e adolescentes baseado no respeito e no desenvolvimento das potencialidades. Somente foi possível porque, à época, a paz e o progresso social eram valores agregadores de pessoas e instituições no fundar de um *status* infantojuvenil civilizado, em que direitos e deveres poderiam se entrelaçar de forma harmônica, difundindo a utopia do bem-estar social.

Assim, as mudanças legislativas que se sucederam à promulgação do ECA restaram influenciadas por esses influxos civilizatórios, de modo que, em regra, tinham por desiderato a atualização das regras, aumentando a capacidade de proteção daquilo que já se encontrava estabelecido.

Todavia, a dinâmica da política indica um cenário reservado. Inúmeros detentores do poder destilam discursos de ódio ou de incompreensão aos avanços operados na sociedade brasileira, talvez até em razão de déficits civilizatórios pessoais. Também recrudesce uma visão econômica liberal em que os investimentos são exclusivamente pressupostos em razão da possibilidade de gerar riquezas, ou diminuir gastos, estando em plano secundário a capacidade de induzir dignidade, conforto e felicidade. Ganha força também a concepção de lei e ordem como instrumento de pacificação abstrata, conquistadas pelas equivocadas estratégias da contenção, do medo e da ameaça de consequências gravosas, sem preocupações profundas com a gênese da desigualdade, combustível das insatisfações e, não raras vezes, de comportamentos antissociais. Assim, delineia-se um quadro: (a) de investidas na diminuição ou suprimento de direitos fundamentais; (b) de redução dos investimentos em políticas públicas capazes de superar as desigualdades; (c) de cortes na participação popular, com ênfase ao centralismo; e (d) de aumento do aparelho repressivo, na tentativa de refreamento das expressões de descontentamento.

Certamente a área dos direitos da infância e da juventude sofrerá esses atentados, de modo que a palavra de ordem, depois desses trinta anos de vigência do ECA, é *resistência*. Em primeiro lugar, mediante articulações que restaurem o movimento de defesa da criança e do adolescente, reunindo pessoas e entidades em uma pauta de mantença dos direitos conquistados, identificando eventuais agravos, como atos administrativos e projetos de lei configuradores de retrocesso. Em segundo, veiculando o discurso da imutabilidade dos direitos próprios da infância e da juventude, não só porquanto assentados em dispositivos constitucionais representativos de cláusulas pétreas, mas também em razão de já incorporados ao patrimônio coletivo de todas as crianças e adolescentes brasileiros, de modo que eventuais iniciativas de volta ao passado violam a garantia do direito adquirido. Em terceiro, por intermédio da divulgação dessas tentativas de retrocessos, buscando o cotejo do prometido pela Constituição e pelo ECA e o projetado por essas ondas aniquiladoras de direitos, de modo a demonstrar os malefícios resultantes dessas prováveis alterações no *standard* jurídico da proteção integral.

Não será uma tarefa fácil, começando pelas dificuldades de articulação de um movimento semelhante àquele que levou à incorporação, na Constituição da República, de dispositivos de proteção à infância e juventude e, em seguida, determinou a elaboração do ECA, influenciando ainda no texto da Convenção dos Direitos da Criança. Mas, ao contrário daqueles tempos, em que se lutava quase que partindo do nada, ou da concepção de que criança ou adolescente não precisavam de direitos, hoje o arcabouço protetivo da criança e do adolescente no Brasil é muito significativo, de sorte que sua solidez e manutenção estão nas mãos de uma resistência que incorpore a bandeira do não retrocesso social.

Referências

COSTA, Antonio Carlos Gomes; MORAES, Edson Seda; PAULA, Paulo Afonso Garrido; RIVIERA, Deodato; e SILVA, Antonio Fernando do Amaral. *Brasil — Criança — Urgente*: o novo direito da criança e do adolescente. São Paulo: Columbus Cultural Editora, 1989.

CURY, Munir; GARRIDO DE PAULA, Paulo Afonso; MARÇURA, Jurandir Norberto. *Estatuto da Criança e do Adolescente anotado.* São Paulo: Revista dos Tribunais, 1999.

CURY, Munir; SILVA, Antônio Fernando do Amaral; GARCÍA MENDEZ, Emílio. *Estatuto da Criança e do Adolescente comentado.* São Paulo: Malheiros, 2000.

D'ANTONIO, Daniel Hugo. *Derecho de menores.* Buenos Aires: Editorial Astrea, 1994.

DIAS, Aldo de Assis. *O menor em face da justiça.* São Paulo: Lex, 1968.

EPIFÂNIO, Rui. *Direito de menores.* Coimbra: Almedina, 2002.

FIGUEIREDO, Luiz Carlos de Barros. *Temas de direito da criança e do adolescente.* Recife: Nossa Livraria, 1997.

KONZEN, Afonso Armando. *Pertinência socioeducativa.* Porto Alegre: Livraria do Advogado, 2005.

LIBERATI, Wilson Donizeti. *O Estatuto da Criança e do Adolescente.* Brasília: IBPS, 1991.

LIBERATI, Wilson Donizete. *Comentários ao Estatuto da Criança e do Adolescente*. São Paulo: Malheiros, 1995.

MACHADO, Martha de Toledo. *A proteção constitucional de crianças e adolescentes e os Direitos Humanos*. São Paulo: Manole, 2003.

MACHADO, Martha de Toledo. *Proibições de Excesso e Proteção Insuficiente no Direito Penal*. São Paulo: Verbatim, 2008.

MACIEL, Kátia Regina Ferreira Lobo Andrade. *Curso de Direito da Criança e do Adolescente*. Rio de Janeiro: Lumen Juris, 2006.

MENDEZ, Emílio García; BELLOF, Mary. *Infancia, ley y democracia en América Latina*. Buenos Aires: Temis-Depalma, 1999.

MENDEZ, Emílio Garcia; COSTA, Antonio Carlos Gomes da. *Das necessidades aos direitos*. São Paulo: Malheiros, 1994.

PAULA, Paulo Afonso Garrido de. *Menores, direito e justiça*. São Paulo: Revista dos Tribunais, 1989.

PAULA, Paulo Afonso Garrido de. *Direito da criança e do adolescente e tutela jurisdicional diferenciada*. São Paulo: Revista dos Tribunais, 2002.

PAULA, Paulo Afonso Garrido de. Natureza do sistema de responsabilização do adolescente autor de ato infracional. *In*: ILANUD *et al.* (org.). *Justiça, adolescente e ato infracional:* socioeducação e responsabilização. São Paulo: Ilanud, 2006.

PAULA, Paulo Afonso Garrido de. Criança e dignidade da pessoa humana. *In*: MIRANDA, Jorge; SILVA, Marco Antonio Marques da (coord.). *Tratado luso-brasileiro da dignidade humana*. São Paulo: Quartier Latin, 2008.

PEREIRA, Tânia da Silva (org.). *O melhor interesse da criança:* um debate interdisciplinar. Rio de Janeiro: Renovar, 2000.

RAMIDOFF, Mário Luiz. *Direito da criança e do adolescente*: teoria jurídica da proteção integral. Curitiba: Vicentina, 2008.

REZENDE, Mário Moura. *Introdução ao estudo do direito do menor*. João Pessoa: A União, 1989.

ROSA, Alexandre Morais da. *Direito infracional:* garantismo, psicanálise e movimento antiterror. Florianópolis: Habitus, 2005.

SARAIVA, João Batista da Costa. *Adolescente e ato infracional*: garantias processuais e medidas socioeducativas. Porto Alegre: Livraria do Advogado, 2002.

SARAIVA, João Batista da Costa. *Da indiferença à proteção integral*: uma abordagem sobre a responsabilidade penal juvenil. Porto Alegre: Livraria do Advogado, 2005.

SEDA, Edson. *A proteção integral*. Campinas: Adés, 1995.

SHECAIRA, Sérgio Salomão. *Sistema de garantias e o direito penal juvenil*. São Paulo: Revista dos Tribunais, 2008.

SILVA, José Luiz Monaco da. *Estatuto da Criança e do Adolescente*. São Paulo: Juarez de Oliveira, 2000.

CAPÍTULO 2

Promoção e proteção de direitos humanos de crianças e adolescentes

*Wanderlino Nogueira Neto**

A novidade do discurso jurídico, baseado na "doutrina da proteção integral", está na qualificação do atendimento de necessidades e desejos de crianças e adolescentes, como atendimento ou garantia de direitos — exatamente aí ele faz diferença, na prática. O novo essencial está no encarar a "satisfação de necessidades e desejos" sob a ótica do Direito dos Direitos Humanos, mais especificamente como Direitos Humanos de Geração.

Wanderlino Nogueira Neto

* *In memoriam* ★ 1946 † 2018.

1. Apresentação: Wanderlino Nogueira Neto, presente!

Eunice Teresinha Fávero

Wanderlino Nogueira Neto, que nos deixou em 26.02.2018, aos 72 anos, trabalhou e militou incansavelmente ao longo de sua vida pública em prol dos direitos humanos de crianças e adolescentes. Procurador de Justiça do estado da Bahia, foi membro da Associação Nacional dos Centros de Defesa da Criança e do Adolescente (ANCED) e representante brasileiro no Comitê dos Direitos da Criança do Alto Comissariado para Direitos Humanos da Organização das Nações Unidas (ONU), atuando por esse comitê no monitoramento e implementação das normas da Convenção sobre os Direitos da Criança (aprovada em 1989) e, articulado a essa missão, no Brasil teve atuação fundamental na formulação e implementação do Estatuto da Criança e do Adolescente (ECA, 1990). Suas ideias sobre a promoção e proteção de direitos humanos de geração, com foco em crianças e adolescentes, veiculadas por meio de vasto material bibliográfico, iluminaram e continuam a iluminar o pensamento crítico de profissionais, pesquisadores e militantes da área.

Nesses 30 anos da promulgação do ECA, muitas de suas ideias, pela sua atualidade, mereceriam destaque. Todavia, pelo limite deste capítulo, ressaltamos neste texto introdutório apenas o artigo "Duas décadas de Direitos Humanos da Criança e do Adolescente no Brasil"[1], no qual Wanderlino apresenta um balanço histórico das lutas e conquistas ocorridas nesse período pelos direitos humanos de crianças e adolescentes, em âmbito mundial e no Brasil — com a participação fundamental dos movimentos sociais, "que serviram de vanguarda" nessas lutas —, e especificamente um balanço a partir dos paradigmas éticos e políticos dos direitos humanos, assim como dos instrumentos normativos e dos mecanismos de exigibilidade de direitos.

1. Publicado no livro *Participação e controle social*, organizado por Valtenir Lazzarini (Curitiba: CRV, 2012).

Lembrando que a comemoração do aniversário do Estatuto da Criança e do Adolescente (ECA), muito mais do que a comemoração da lei em si, precisa ser colocada num "contexto maior". Wanderlino, já nos 21 anos do ECA, nos alertava:

> Na verdade, o Estatuto precisa ser visto como produto de algo maior, ou seja, como um resultado de décadas de luta em geral no país, pela **democracia**, pelos **direitos humanos** e pelo desenvolvimento **autossustentado**. Em especial, esse foi um tempo de lutas pelas necessidades, pelos desejos, pelos interesses e principalmente pelos direitos daqueles que mais precisavam de reconhecimento e garantia, pela normativa nacional e internacional, como direitos fundamentais (ou seja, como direitos humanos positivados); num contexto ampliado de lutas pela redemocratização no país e pelo enfoque nas relações humanas, para além das meras relações econômicas. Ou seja, um movimento em favor daqueles que mais precisam da promoção e proteção integrais desses direitos fundamentais, como as classes trabalhadoras e os grupos mais vulnerabilizados em função de determinadas condições de vida de exclusão, subalternização e dominação: mulheres, afrodescendentes, populações indígenas e tradicionais (ex., quilombolas, ribeirinhos amazônicos etc.), pessoas com deficiência, segmentos LGBTT, idosos, jovens e, em especial, crianças e adolescentes (Nogueira Neto, 2012, p. 75-76, grifos do autor).

Nessa linha de pensamento, enfatizando que "não se pode falar em prevalência dos direitos humanos onde não exista uma real democracia", assim como que "não existe democracia sem prevalência dos direitos humanos" (p. 89), reafirma:

> [...] não se pode falar em direitos humanos quando os modelos de desenvolvimento social e econômico não dão conta de um autossustentado desenvolvimento humano, onde, por exemplo, os investimentos públicos e as políticas sociais não atendam as classes trabalhadoras e priorizem os grupos vulnerabilizados (mulheres, crianças, jovens, afrodescendentes, populações indígenas, segmentos LGBTTI, pessoas com deficiência, moradores de guetos sociais, populações tradicionais etc.) (Nogueira Neto, 2012, p. 89-90).

De toda sua obra, e pela sua atualidade em tempos de desmonte e regressão de direitos do segmento infantojuvenil e da população brasileira em geral, selecionamos e registramos aqui — com autorização de familiares[2] — algumas partes de textos localizados e acessíveis pela Internet, especialmente sobre seus debates a respeito da promoção e proteção de direitos humanos de geração, sobre o direito da criança à participação — com base em instrumentos normativos internacionais e nacionais — e sobre a política de atendimento a crianças e adolescentes, com base no paradigma da proteção integral.

As reflexões de Wanderlino Nogueira Neto nos instigam a indagar a realidade brasileira atual em suas formulações normativas e na efetividade de seus espaços e mecanismos de promoção e proteção de crianças e adolescentes. Instigam-nos a pensar a efetividade do seu direito à proteção integral — como sujeitos de direitos, em situação peculiar de desenvolvimento e com prioridade absoluta. Afinal, como entendemos e o que assimilamos desse paradigma, e como atuamos para sua materialização — como militantes, pesquisadores e/ou profissionais?

Wanderlino nos ensinou que a novidade essencial contida no paradigma da proteção integral se põe na "satisfação de necessidades, desejos e interesses" de crianças e adolescentes sob a ótica dos Direitos Humanos, "especificamente como Direitos Humanos de Geração", dos quais são credores diante do Estado e da sociedade. Frente ao que denominou como falso antagonismo entre direitos e deveres de crianças e adolescentes — com base no disposto na Convenção dos Direitos da Criança (CDC) —, não se furtou ao debate, defendendo que são "seres essencialmente autônomos", porém com capacidade limitada para exercer suas liberdades e direitos por serem pessoas em desenvolvimento, o que implica um nível diverso do adulto na

2. Os trechos de textos de Wanderlino presentes neste capítulo são públicos e facilmente localizáveis em buscas na Internet. Esta organização e seleção, em dezembro de 2019 e janeiro de 2020, foi precedida por consulta a Maria Laura Nogueira, filha de Wanderlino — representando também sua irmã e irmão, Mariana Nogueira Lima e Pedro Nogueira —, assim como foi realizada consulta a Antônio Suleiman Kahwage Neto, tradutor de Wanderlino nas Nações Unidas. Todos/todas autorizaram a inclusão do texto de Wanderlino nesta publicação.

responsabilidade dos seus atos. Nessa direção, afirmando que liberdade e proteção não se contrapõem, em vários de seus textos discorre sobre o direito de crianças e adolescentes à participação — como sujeitos que devem gozar de liberdade e autonomia, e não como objetos tutelados conforme se coloca na visão adultocêntrica.

Para trazer essas e outras ideias na "voz" do autor, e como homenagem a ele, vamos, então, às próprias palavras de Wanderlino, explicitadas em vários escritos, muitos deles localizáveis na Internet, conforme observado, como aqueles a partir dos quais destacamos os trechos que seguem, começando pela Convenção dos Direitos da Criança, base do ECA, aprovada em 1989 e assinada pelo Brasil, e passando pela avaliação da política de atendimento a crianças e adolescentes.

2. Desenvolvimento:[3] Em favor de uma utopia histórica e verossímil!

Wanderlino Nogueira Neto

1. A Convenção dos Direitos da Criança: o reconhecimento e a garantia dos Direitos Humanos de Geração[4]

A Convenção das Nações Unidas sobre os Direitos da Criança convida a assegurar as duas prerrogativas maiores que a sociedade e o

---

3. Digitalização de trechos integrais de publicações de Wanderlino Nogueira Neto, conforme referenciadas. Ressalte-se que tomamos a liberdade de suprimir alguns parágrafos dos textos originais, tendo em vista o limite de páginas, todavia buscando preservar a essência do pensamento.

4. Trechos do texto "Promoção e proteção dos direitos humanos de geração", de autoria de Wanderlino Nogueira Neto. Versão revisada/cópia eletrônica, junho 2007, de NOGUEIRA NETO, Wanderlino. *Direitos humanos de geração*. Fortaleza; Brasília: Ed. SEDH; CEDCA-CE, 2003. Disponível em: http://www.crianca.mppr.mp.br/arquivos/File/publi/xtras/direitos_humanos_de_geracao.pdf. Acesso em: 20 dez. 2019.

Estado devem conferir à criança e ao adolescente, para operacionalizar a proteção dos seus Direitos Humanos: "cuidados" e "responsabilidades". As crianças e os adolescentes têm direitos subjetivos e exigíveis à liberdade, à dignidade, à integridade física, psíquica e moral, à educação, à saúde, à proteção no trabalho, à assistência social, à cultura, ao lazer, ao desporto, à habitação, a um meio ambiente de qualidade e outros direitos individuais indisponíveis, sociais, difusos e coletivos. E consequentemente se postam, como credores desses direitos, diante do Estado e da sociedade, devedores que devem garantir esses direitos. Não apenas como atendimento de necessidades, desejos e interesses, mas como Direitos Humanos indivisíveis, como os qualifica a normativa internacional — com o direito a um desenvolvimento humano econômico e social. Mas são pessoas que precisam de alguém, de grupos e instituições, responsáveis pela promoção e defesa da sua "participação, proteção, desenvolvimento e sobrevivência", responsáveis por seu cuidado, em especial. [...]

Em seu preâmbulo e em muitos dos seus artigos, a Convenção define os direitos da criança realmente num sentido próximo da Declaração dos Direitos da Criança, da ONU, em 1959, apenas como direito a uma proteção especial: "a criança tem necessidade de uma proteção especial e de cuidados especiais, notadamente de uma proteção jurídica, antes e depois de seu nascimento". Todavia, em outros pontos, a Convenção avança e acresce a esse "direito à proteção especial" outros tipos de direitos que só podem ser exercidos pelos próprios beneficiários: o direito à liberdade de opinião (art. 12), à liberdade de expressão (art. 13), à liberdade de pensamento, de consciência e de religião (art. 14), à liberdade de associação (art. 15). Direitos que pressupõem certo grau de capacidade, de responsabilidade, isto é, que pressupõem sujeitos de direitos como titulares. As crianças e os adolescentes são, eles próprios, seres essencialmente autônomos, mas com capacidade limitada de exercício da sua liberdade e dos seus direitos. Responsáveis por seus atos, por sua vida — mas em nível diverso que o adulto. Têm deveres, portanto. Falso antagonismo entre princípios da Convenção.

Difícil, porém, tem sido conciliar o polo do "cuidado" (proteção especial) e o da responsabilização. Principalmente porque se firmam em dois conceitos, vistos equivocadamente como antagônicos e inconciliáveis: a criança e o adolescente, enquanto (a) sujeitos de direitos e, simultaneamente, (b) pessoas em desenvolvimento. Principalmente quando se trata de crianças e adolescentes em crise, isto é, em desvantagem social (handicap), como os discriminados e negligenciados em razão de gênero, orientação sexual, estado de morbidade, raça, etnia, origem geográfica etc., em situações de vulnerabilidade social (risco pessoal e social, como a exploração sexual, os maus-tratos intrafamiliares, a tortura e custódias ilegais, o abandono, o trabalho infantil etc.) ou em conflito com lei penal (infratores). Difícil se torna quando se trata da infância e da adolescência que foi negligenciada, discriminada, explorada, violentada, oprimida e marginalizada. Quando se trata daqueles que ocupam as manchetes da mídia e que provocam certo alarme social. Óbvio que é bem mais fácil falar-se em "direitos de crianças ou adolescentes e dever do estado ou da sociedade", quando se trata da criança e do adolescente, em tese — do nosso "bom menino", idealizado! A dificuldade da promoção e da garantia do direito da infância e da adolescência reside, quando a realidade é má, quando as circunstâncias de vida dos seus titulares incomodam-nos, ameaçam-nos, agridem-nos. Aí o discurso epistemológico e político-institucional de proteção (promoção/garantia) de direitos, firmado na Convenção, torna-se, para o senso comum, pretensamente, inócuo, descolado da realidade e perigoso: mil meninos de rua seriam capazes de provocar mais escarcéu na opinião pública que 10 mil crianças e adolescentes fora da escola [...].

Não há realmente como escapar à ambiguidade permanente do papel dos pais, dos educadores, dos trabalhadores sociais, da mídia, dos magistrados, da sociedade, do Estado, quando se trata dessas situações de "crise", em face da poderosa carga de preconceito social que cerca a questão. A tentação de "vitimar", de "execrar", de marginalizar se torna sufocante e tolda o senso crítico dos operadores sociais. E aquilo que se chama "paradigma civilizatório" da Convenção é facilmente obliterado e torna-se de operacionalização difícil e pouco praticada (nunca, impraticável...). [...]

Todas as crianças e os adolescentes precisam de "proteção integral", intrinsecamente. Mas, em determinadas circunstâncias, situações, condições, momentos, quando vulnerabilizados ou em desvantagem social, algumas crianças e alguns adolescentes exigem medidas especiais de proteção ou ações afirmativas em favor do seu direito ("discriminações positivas"). Em outras, quando em conflito com a lei penal, exigem medidas (sancionadoras) socioeducativas. As necessárias limitações ao exercício de seus direitos devem ser entendidas como estratégias para garantir a plenitude desses direitos. Isto é, limita-se a autonomia deles para assegurar a plenitude da sua cidadania e não para torná-lo menos cidadãos, cidadãos de segunda classe, ainda mais marginalizados. Não se protege uma pessoa como se protege um pequeno animal feroz e perigoso ou um anjo — jaula ou altar. Não se pode esquecer que ela, de qualquer maneira, é um ser que já tem todos os direitos de um cidadão e como tal deve ser tratado; revertendo-se todo e qualquer processo que resulte no abortamento da sua cidadania! A eles há que se garantir, além do mais, sua participação proativa e não meramente reativa, na construção de sua vida, nos processos de extensão de sua cidadania. Sua participação igualmente de alguma forma no desenvolvimento dos serviços e programas/projetos públicos, administrativos e judiciais, governamentais e não governamentais, num sentido lato.

[...] A Convenção pode e deve ser poderoso aliado numa luta política pela garantia de parcela de poder para a infância e a adolescência, em um novo modelo de convivência que não faça da criança e do adolescente "coisas", objetos, dominados. Aliado no processo de transformação da nossa cultura institucional autoritária de relação aos reconhecidos por ela como "mais fracos", dos dominados. A Convenção, em verdade, teve o grande condão de tornar indisponíveis e exigíveis os direitos de todas as crianças e de todos os adolescentes. De colocá-los, com prioridade, na ordem do dia da agenda política mundial e particularmente de cada país que a ratificou. De forçar a prevalência do seu interesse: do seu "melhor interesse". O mais importante dessa Convenção não terá sido a criação de "novos direitos" da criança e do adolescente, propriamente. Mas a tônica que coloca na necessidade da efetivação da norma, da implantação e implementação (operacionalização) de um sistema de proteção de direitos, isto é, espaços públicos institucionais e mecanismos de promoção, controle e garantia (proteção) dos direitos. Ela deve ser entendida como um apelo, uma incitação para que a sociedade e os Estados signatários assegurem com efetividade esses direitos, prioritariamente. De outra parte, um verdadeiro compromisso que assumem esses Estados no sentido do cumprimento do seu dever de responsabilidade, seu dever de proteger integralmente suas crianças/adolescentes, garantindo-lhes a sobrevivência, o desenvolvimento e proteção especial. Mas sem que, com isso, se prescinda da participação desses atores, a lhes garantir autonomia.

Em síntese, essa dicotomia entre autonomia/participação e capacidade limitada/proteção é só uma aparente contradição criada pelo "discurso jurídico repressivo menorista": a Convenção quando fala em "direitos" quer abarcar os direitos fundamentais da pessoa humana, os direitos civis, os direitos específicos de proteção, os direitos sociais e culturais e os princípios que fundam o direito (e por isso o purismo dos seus críticos é muito mais ideológico que epistemológico). Ela, quando nos induz a falar em capacidade limitada para o exercício de direitos, absolutamente não nos quer induzir a reconhecer que a incapacidade pode estar integrada na capacidade ou vice-versa. Exatamente atacando essa lacuna do discurso jurídico-ideológico tradicional é que se poderá fazê-lo desmoronar de dentro para fora; demonstrando em nossas práticas de atendimento público (no sentido amplo) que é possível conciliar e equilibrar proteção e participação. E isso é possível! A Liberdade e o Direito são categorias axiológicas. Já a capacidade de exercício limitado de um direto ou de fruição da liberdade é uma categoria operacional estratégica. Não se contrapõem. Complementam-se. [...]

2. Avaliação da política de atendimento à criança e ao adolescente[5]

[...] A tradição do Direito dos Direitos Humanos no mundo leva à utilização corrente da expressão "promoção e proteção dos direitos humanos". É só se conferir convenções, acordos, declarações e outros documentos internacionais ou multinacionais a respeito. É só se conferir a farta doutrina em torno do Direito dos Direitos Humanos no país e no mundo. A própria Constituição federal, ao extinguir implicitamente o malfadado "Direito de Menores" em seu artigo 24, XV e no parágrafo 1 do mesmo artigo, não criou nenhum outro ramo autônomo do direito e sim uma legislação sobre "normas gerais" de "proteção da infância e da juventude" e ordena que em determinadas circunstâncias, crianças e adolescentes fazem jus a uma "proteção especial". Quando se trata de ramo autônomo e sistemático, a Constituição (art. 22) menciona como tal: "civil, comercial, penal, processual, eleitoral, agrário, marítimo [...]". Porém, os que lutam pelos direitos da criança e do adolescente, geralmente, têm uma certa resistência ao uso dessa expressão "promoção e proteção de direitos", preferindo "garantia de direitos" (num sentido genérico e não no seu verdadeiro sentido específico) ou "atendimento de direitos" (atecnia consagrada no Estatuto da Criança e do Adolescente). Uns evitam a expressão de maneira equivocada por não considerarem essa normatização jurídica das relações geracionais como parte integrante da esfera do Direito dos Direitos Humanos, como uma especialização desse ramo do Direito e sim como ramo autônomo, um "sucessor" do Direito Menoril, no afã de se formular uma reducionista "criançologia", visando construir-se uma irreal "criancidade" — talvez na melhor das intenções mas, no fundo, aprofundando-se de outra forma o processo de apartação da

5. Trechos de texto de Wanderlino Nogueira Neto, com leitura realizada por Antônio Suleiman Kahwage Neto na XXIII Conferência Nacional da Advocacia Brasileira. *In*: CONFERÊNCIA NACIONAL DA ADVOCACIA BRASILEIRA, 23., 2017, São Paulo. *Anais* [...] São Paulo: OAB; Conselho Federal, 2017. v. 2. Arquivo digitalizado. Acessado em dezembro de 2019 em contato com a OAB-SP, pela assistente social e advogada, Thaís Matsumoto, pesquisadora do NCA/PUC-SP.

criança e do adolescente do mundo da cidadania. Outros evitam a expressão "promoção e proteção" estrategicamente, apenas para evitar confusões com a velha linha tutelar da chamada "doutrina da situação irregular", que utilizava particularmente a expressão "proteção" num sentido deformado.

De qualquer maneira, a expressão "garantia de direitos" tem a seu favor, no Brasil bem especificamente, a circunstância do texto constitucional pátrio que a consagra, quando se trata de assegurar, através de mecanismos de exigibilidade específicos, a efetividade dos direitos civis, políticos, econômicos, sociais e culturais dos cidadãos. De qualquer maneira, passaram-se a reforçar mais os mecanismos de "garantia de direitos" e, por via de consequência, a denominar-se a genérica "promoção e proteção de direitos" como "garantia de direitos". A questão não é tanto de rotulação ou de conjuntural prevalência estratégica de uma linha. Até aí tudo bem! Na verdade, é preciso que a utilização de uma expressão ou a priorização estratégica de uma linha ("garantia ou defesa de direitos") não seja feita em absoluto detrimento dos outros dois tipos de mecanismos, também imprescindíveis, isto é, (a) dos mecanismos de "promoção" da efetivação dos direitos e (b) dos mecanismos de "controle" (tanto dessa "promoção" quanto dessa "defesa" ou "garantia"). Todos os mecanismos estratégicos de "promoção e proteção dos direitos humanos" (isto é, os espaços e os mecanismos estratégicos) precisam de implementação simultânea e harmônica — nunca um prevalecendo sobre o outro. [...]

No momento, ainda há uma preocupação maior na configuração do sistema [de Garantia de Direitos] (e, portanto, no desenho de diagramas didáticos) do que na sua sinergia interna e externa (articulação e integração ad intra et ad extra). Em verdade, o Estatuto em nenhum momento é suficientemente claro quanto a esse "sistema de garantia de direitos": trata-se mais de uma inferência, especialmente a partir dos artigos 86 a 90 e de uma transposição dos modelos internacionais e regional (interamericano). Esse sistema nasce muito mais do espírito da Convenção do que propriamente do Estatuto. À época da edição do Estatuto, a reflexão sistemática sobre "instrumentos e mecanismos de promoção e proteção dos Direitos Humanos" não tinha alcançado o alto nível que alcançou nos dias de hoje no Brasil: intuía-se a necessidade de se "atender direitos", num esforço para se superar o velho paradigma do "atendimento de necessidades" pelo novo da "garantia de direitos". Em verdade, a própria discussão sobre a promoção e proteção dos Direitos Humanos dos cidadãos em geral, como mecanismo de efetivação e como política de Estado, ainda era incipiente. Mas mesmo assim, não se pode negar que o Estatuto dispõe inquestionavelmente sobre "proteção de direitos da infância e juventude", isto é, ele foi promulgado como norma reguladora dos artigos 227 e 228 da Constituição Federal. Assim sendo, consequentemente, ele tem que ser considerado como uma norma de "promoção e proteção dos direitos humanos", especificamente de crianças e adolescentes, vez que esses dispositivos citados da Carta Magna têm essa natureza, equiparados que são ao artigo 5º da Carta Magna. Deste modo, dever-se-á interpretar o Estatuto a partir dos princípios e diretrizes do Direito dos Direitos Humanos, fazendo-se uma interpretação sistemática dos seus dispositivos, em harmonia com as demais normas desse campo do Direito, tanto na ordem jurídica nacional quanto internacional. Quando se procura [por exemplo] enfrentar a chamada "violência sexual contra crianças e adolescentes" (ou seja, o abuso e a exploração sexual-comercial) não se deveria restringir as intervenções públicas exclusivamente, apenas à responsabilização penal dos abusadores e exploradores — maniqueístamente. Mas também se deveria assegurar simultânea e articuladamente, (1) o atendimento médico e/ou psicossocial do abusado e da abusada, do explorado e da explorada em serviços ou programas especializados, (2) a sua inclusão com sucesso na escola, (3) o seu atendimento especializado por serviços do sistema único de saúde, (4) a inclusão das suas famílias (ou dos próprios beneficiários, conforme a idade) em programas de geração de ocupação, emprego e renda, (5) ou em programas de erradicação do trabalho infantil (especialmente, os de eliminação imediata das piores formas de trabalho) etc. E, além do mais, igualmente nesses casos de violência sexual, se devem assegurar um eficiente e eficaz monitoramento e avaliação (controle), tanto das intervenções jurídico-judiciais ("acesso à justiça") quanto desse atendimento direto pelas políticas públicas, administrativamente. A mera e isolada responsabilização dos violadores, geralmente, leva à revitimização da criança ou do adolescente com seus direitos à sexualidade violados. Igualmente, a visão reducionista da promoção e proteção de direitos humanos, que a faz se esgotar na linha exclusivamente da "defesa de direitos/responsabilização", pode levar a um hiperdimensionamento da figura do juiz dentro do sistema de proteção especial de direitos, em oposição a todo avanço que se conseguiu nesse ponto de relação à rançosa e corporativista "doutrina da situação irregular", firmada na ideia do juiz-pai, do juiz-administrador, do juiz higienista e terapeuta. Não cabe ao juiz (e consequentemente ao promotor, ao delegado de polícia, ao conselho tutelar — mutatis mutandis) fazer indevidamente o papel de gestores (formuladores, coordenadores e executores) de políticas públicas. São resquícios dessa visão reducionista, por exemplo, os juízes que normalizam amplamente, através de portarias, os que procuram desenvolver diretamente serviços e programas públicos, os que confundem controle judicial dos atos administrativos com supervisão hierárquico-administrativa, os que transformam conselhos tutelares em suas equipes multiprofissionais etc. E assim, esses magistrados esquecem seu papel primordial de prestadores da jurisdição, de "administradores de justiça à população que dela necessita" — papel indelegável e de suprema importância para o funcionamento do sistema de garantia como um todo. Por sua vez, o oposto deve ser igualmente condenado, ou seja, a redução da proteção integral especial dos direitos dessas crianças e adolescentes submetidos a abusos e explorações sexuais, exclusivamente ao atendimento direto em programas e serviços de assistência social, educação e saúde, sem a responsabilização jurídica (civil, penal, administrativo-disciplinar etc.) dos violadores. Essa postura equivocada leva à impunidade e à perpetuação do ciclo perverso de violações de direitos.

O hiperdimensionamento dos programas e serviços das políticas públicas também tem suas mazelas e remete ao assistencialismo, à filantropia, ao higienismo, à tutela, a satisfação de necessidades, desejos e interesses, sem a marca da qualificação dessa satisfação enquanto proteção de direitos humanos, é um retrocesso contra o qual se precisa igualmente lutar. Esse enfoque abastarda a vítima da violência sexual ao ter seu direito a uma sexualidade livre e prazerosa reduzida a um mero interesse a ser tutelado, não como dever do Estado. O eixo estratégico da "promoção da efetivação dos direitos de crianças e adolescentes" como mecanismo de promoção e proteção de Direitos Humanos consubstancia-se no desenvolvimento de uma "política de atendimento dos direitos da criança e do adolescente" que integra o âmbito da política de promoção dos direitos humanos; estrategicamente cortando, de maneira transversal e intersetorial, todas as políticas públicas (institucionais, econômicas e sociais); reforçando a ideia de que a satisfação das necessidades básicas por qualquer dessas políticas públicas é um direito do cidadão-criança e do cidadão-adolescente e, ao mesmo tempo, um dever do Estado, da família e da sociedade. Esta é uma política que se operacionaliza através de duas linhas estratégicas:

- serviços e programas de proteção especial e socioeducativos; e
- serviços e programas das demais políticas públicas, especialmente das políticas sociais.

A primeira linha tem um caráter de atendimento inicial, integrado, emergencial e ao mesmo tempo alavancador da inclusão moral e social de seus beneficiários (vítimas de violações de direitos): "cuidados & cuidadores". Aí estão os programas de abrigamento (ou abrigo), de colocação familiar, de orientação sociofamiliar, de localização de desaparecidos, de prevenção/apoio médico e psicossocial a vítimas de maus-tratos, abusos, violências, explorações etc. — serviços e programas de proteção especial. Aí estão igualmente os programas de internação, semiliberdade, liberdade assistida etc. — programas socioeducativos.

A segunda implica na facilitação do acesso aos serviços públicos básicos (educação, saúde, proteção no trabalho, previdência, segurança pública etc.) e no asseguramento do sucesso deste atendimento público para um público com "necessidades especiais": aí, seus beneficiários estarão sob acompanhamento especial.

O eixo da defesa dos direitos da criança e do adolescente (como mecanismo de promoção e proteção especial dos direitos humanos geracionais) se consubstancia na garantia de acesso à justiça, ou seja, no recurso aos espaços públicos institucionais e mecanismos jurídicos de "proteção legal" daqueles direitos humanos (gerais e especiais) e das liberdades fundamentais, da infância e da adolescência; para assegurar a impositividade daqueles direitos e liberdades e sua exigibilidade, em concreto. Nesse eixo, se situa a atuação dos órgãos judiciais (varas da infância e da juventude, varas criminais, tribunais do júri, tribunais de justiça), dos órgãos público-ministeriais (promotorias de justiça, centros de apoio operacional, procuradorias de justiça), dos órgãos da defensoria pública e da polícia judiciária (inclusive os da polícia técnica), os conselhos tutelares (enquanto contenciosos administrativos, isto é, "não jurisdicionais") e dos advogados (OAB). Por fim, o enfrentamento de todas as formas de violação de direitos, enquanto mecanismo de promoção e proteção de direitos humanos, deveria se explicitar mais efetivamente através dos espaços públicos e mecanismos de acompanhamento, avaliação e monitoramento, isto é, do controle social difuso (pela sociedade civil organizada, especialmente via seus fóruns, comitês e pela OAB) e institucional (pelos Conselhos dos Direitos da Criança e do Adolescente). [...]

O Estatuto prevê, no seu artigo 86, o desenvolvimento de uma "política de atendimento de direitos da criança e do adolescente", isto é, dentro do vasto campo da proteção dos direitos humanos; uma política de promoção dos direitos e liberdades fundamentais da criança e do adolescente — isto é, dos Direitos Humanos Geracionais. Obviamente, não se trata aqui de nenhuma política setorial, como as políticas sociais básicas (educação, saúde, assistência social etc.), mas sim de uma política intersetorial a cortar transversalmente todas as políticas públicas, para assegurar que a satisfação de determinadas necessidades básicas desse segmento da população seja reconhecida e garantida como direitos fundamentais, prioritariamente; obedecidos determinados princípios. Essa política citada teria o condão — através de suas instâncias públicas de formulação, coordenação, execução e controle interno e dos seus mecanismos político-administrativos — de promover, como Direitos Humanos Geracionais (crianças e adolescentes) certos direitos da área da educação, da saúde, da assistência social, da segurança pública, da previdência social, da proteção no trabalho, da segurança alimentar, da habitação etc. Seria como uma hierarquização, pois segundo a Constituição Brasileira, os direitos humanos são direitos de hierarquia superior, consagrados em normas-princípio, acima das normas-regra. Dessa maneira, é realmente absurda a confusão que muitos ainda fazem entre essa "política de atendimento dos direitos da criança e do adolescente" (Estatuto e Conselhos dos Direitos, por exemplo) e a "política de assistência social". Puro ranço da velha "doutrina da situação irregular", na qual se fundamentava o revogado Código de Menores, onde o assistencialismo e a repressão eram seus dois pilares. Só que a atual Política de Promoção dos Direitos Humanos Geracionais (e aí, os direitos da criança e do adolescente) se firma na chamada doutrina da "proteção integral". E ao mesmo tempo, a Política de Assistência Social constrói um novo caminho de negação do clientelismo, do "primeiro-damismo", do assistencialismo. Novos paradigmas para ambas, mas que confirmam a autonomia de cada uma. Por sua vez, alguns querem reduzir simplesmente o Estatuto e os Conselhos dos Direitos da Criança e do Adolescente a meras "especializações" da Lei Orgânica da Assistência e dos Conselhos de Assistência Social. Como se os primeiros tratassem apenas de um setor da assistência social: o das crianças e adolescentes vulnerabilizados ou em situação de risco pessoal e social. Ora, o Estatuto da Criança e do Adolescente não permite tal visão corporativa, reducionista e equivocada da abrangência de ação dos Conselhos dos Direitos! Na verdade, não se trata de um ter prevalência sobre o outro ou concorrer com o outro e sim realmente de abrangência. Os Conselhos inter-setoriais (como os dos Direitos da Criança, da Mulher, da Condição Negra, dos Portadores de Deficiência etc.) têm uma abrangência maior que qualquer dos conselhos setoriais (saúde, educação, assistência social), mas não uma importância maior, pois suas funções são bastante díspares, sem confusão, superposição e concorrência. Programas de proteção a clientelas específicas existem em quaisquer das políticas sociais, inclusive e principalmente no campo da Política de Assistência Social, como os programas de proteção de crianças e adolescentes que deles necessitem: os vulnerabilizados, por exemplo. Mas programas e atividades não se confundem com Políticas, no seu sentido amplo e puro — e sim as integram como partes. Por exemplo, toda e qualquer forma de exploração laboral da criança e do adolescente deverá ser prevenida e erradicada (ou proibida e eliminada imediatamente, conforme o caso) através de serviços/atividades e programas/projetos de proteção especial da política de promoção de direitos humanos, articulados e integrados com programas/projetos e serviços/atividades das políticas de saúde, de educação, de cultura, de assistência social, de proteção no trabalho, de segurança pública, de agricultura, das relações exteriores etc. etc. A erradicação do trabalho infantil no Brasil não é uma questão puramente de assistência social, mas o é também...

Para finalizar. E para continuar...

> Somos uma Nação construída sob mitos fundantes da dominação, opressão, exploração, violência — próprios do colonialismo (extrativista e bandeirantista), do elitismo eurocêntrico, do corporativismo privilegiador, do formalismo cartorial. É preciso muito mais tempo que 60 ou 20 anos para afastar essas pragas deformantes do imaginário de nossa população e principalmente de nossas elites dirigentes, mais das vezes oligárquicas.
>
> Se quisermos construir cenários mais favoráveis, no futuro, para garantir a prevalência dos direitos humanos, eis um ponto a ser enfrentado.

Um ponto a exigir ações, daqui para frente, na linha da "direção cultural"[6] num processo de combate à alienação das classes dominadas, dos grupos vulnerabilizados; num processo de conscientização e emancipação de crianças e adolescentes, de suas famílias e comunidades próximas. Concomitantemente, por outro lado, verdadeiros processos de "educação política", para magistrados, gestores, técnicos, agentes públicos (governamentais e societários) precisam urgentemente ser desenvolvidos, nessa linha, combatendo as ideologias castradoras e conservadoras, em favor de uma utopia histórica e verossímil, tendo, por exemplo, a dignidade, a liberdade, a igualdade e a pluralidade, como bandeiras mobilizadoras e conscientizadoras.

Assim sendo, imprescindível se torna, primeiramente, que se desmascarem as ideologias de classe, gênero e raça (e geração, em nosso caso) que permeiam o discurso de determinados cientistas sociais e mais especificamente de alguns operadores técnico-jurídicos, entre nós. E, em segundo lugar, importa que se façam todos comprometidos com a construção desse saber e dessa prática engajada, verdadeiramente revolucionários e parteiros da História, que se constroem a partir do ideário dos direitos humanos (Nogueira Neto, 2012, p. 90-91).

Referências

BRASIL. Lei n. 8.069/1990. *Estatuto da Criança e do Adolescente.* Disponível em: http://www.planalto.gov.br/ccivil_03/leis/l8069.htm. Acesso em: 18 dez. 2019.

CDC. Convenção dos Direitos da Criança. 1989. Disponível em: https://www.unicef.org/brazil/convencao-sobre-os-direitos-da-crianca. Acesso em: 20 dez. 2019.

NOGUEIRA NETO, Wanderlino. *Direitos humanos de geração.* Fortaleza; Brasília: Ed. SEDH/CEDCA-CE, 2003.

6. "Identidade = diversidade de gênero, de raça/cor, de etnia, de orientação sexual, de localização geográfica etc." (Nogueira Neto, 2012, p. 90).

NOGUEIRA NETO, Wanderlino. Duas décadas de direitos humanos de crianças e adolescentes no Brasil. *In*: LAZZARIN, Valtenir (org.). *Participação e controle social*. Curitiba: Editora CRV, 2012.

NOGUEIRA NETO, Wanderlino. *Promoção e proteção dos direitos humanos de geração*. Versão revisada/cópia eletrônica, jun. 2007. Disponível em: http://www.crianca.mppr.mp.br/arquivos/File/publi/xtras/direitos_humanos_de_geracao.pdf. Acesso em: 27 dez. 2019.

NOGUEIRA NETO, Wanderlino. Avaliação da política de atendimento à criança e ao adolescente. CONFERÊNCIA NACIONAL DA ADVOCACIA BRASILEIRA, 23., 2017, São Paulo. *Anais* [...]. São Paulo: OAB; Conselho Federal, 2017. v. 2. Arquivo digitalizado.

CAPÍTULO 3

ECA na interface com a LOAS

Aldaíza Sposati

Em dezembro de 1995, foi organizado, em Brasília, pela FUNDAP — Fundação do Desenvolvimento Administrativo do Governo do Estado de São Paulo —, em conjunto com a Secretaria de Estado da Assistência Social — MPAS/SEAS —, um debate entre Antonio Carlos Gomes da Costa e esta articulista sobre a relação entre ECA — Estatuto da Criança e do Adolescente — e LOAS — Lei Orgânica da Assistência Social. Após fala de Antonio Carlos, afirmei: "Ouvi atentamente Antonio Carlos em sua exposição e concordo plenamente com ele: a relação entre LOAS e ECA não é uma relação de oposição. Mas, eu acresceria que ainda deve ser construída uma relação de cumplicidade entre uma e outra lei. Temos que estar rompendo as fronteiras entre tais leis, para efetivamente constituir direitos sociais. Precisamos buscar a porosidade dentro do tecido social, criar aberturas nessa malha fechada e intensa de resistência à consolidação dos direitos sociais. Esta perspectiva exige muita união e cumplicidade".[1]

Entendo que essas afirmações, embora de 1995, preservam atualidade de propósitos e são um excelente ponto de partida para esta reflexão, passados 25 anos de sua manifestação. Um dos pontos de intersecção, que hoje se tornam ainda mais pulsantes, decorre do fato de que ambos, a LOAS e o ECA, são responsáveis em garantir, na condição de direito, a atenção pública a determinadas desproteções sociais na condição de direitos sociais. As desproteções sociais, como expressões da questão social, são complexas e adquirem conjunturalmente diversas formatações relativas à presença da exploração do trabalho pelo capital.

Mais ainda: se estamos comemorando 30 anos do ECA em 2020 é oportuno voltar às ideias que marcaram seus primeiros anos, na medida em que expressaram um desejo de futuro.

1. Nascimento de legislações democráticas

Em 1995, data do referido debate, tanto os defensores do ECA quanto os da LOAS vivenciavam a aprovação de legislações democráticas, que alteraram o padrão e a cultura institucional de organismos gestores do Estado e grupos afetos da sociedade. A luta pela aprovação de cada uma dessas legislações teve caminhos próprios. O ECA, direcionado para a extinção da "doutrina da situação irregular para crianças e adolescentes". Menores em situação irregular — assim nominados pelo Código — eram carentes, abandonados, inadaptáveis e infratores. Gomes da Costa acentua: "carentes e abandonados eram objeto de proteção e os inadaptáveis

1. Atente-se que esse debate ocorreu em 6 de dezembro de 1995, logo após a 1ª Conferência Nacional de Assistência Social, de novembro de 1995. Foi publicado no livro *Assistência social: parâmetros e problemas*, organizado por Luiz Palma e Silva e Silvia Andrade Stanisci, editado pela Fundap, em 1999. As exposições de Antonio Carlos Gomes da Costa e de Aldaíza Sposati encontram-se entre as páginas 111-128. Trata-se do registro transcrito do sexto debate, dentre sete, iniciados em 27 de setembro de 1995 pela Fundap e em Brasília.

e infratores objeto da vigilância" (Gomes da Costa, 1995[2], p. 111). O ECA instaurou a cultura da criança como ser em desenvolvimento, a quem cabia proteção do Estado, da sociedade, da família[3].

Em 1988, a área da assistência social tinha como órgão federal a FLBA — Fundação Legião Brasileira de Assistência Social —, datada de 1942, descentralizada em unidades estaduais, por vezes até municipais[4], mas sempre ligadas diretamente aos governos em exercício. A LBA, uma fundação patrimonialista, de gestão não democrática, sempre foi aliada de interesses no exercício do poder. Durante a Nova República, em 1985, foram apresentadas propostas de lideranças políticas para sua extinção, e a instalação de um ministério. Estudo apresentado e publicado por grupo de professores do Serviço Social da PUC-SP, em 1985, desenvolveu proposta similar. Desde 1974, estava instalada a Secretaria de Assistência Social no Ministério da Previdência e Assistência Social — MPAS —, que permaneceu figurativa e subjugada à LBA, até a aprovação da LOAS.

O ECA regulou os modos de reconhecimento social de crianças e adolescentes em leis, políticas e serviços. A LOAS introduziu no Estado brasileiro a responsabilidade social pela atenção a determinadas desproteções sociais, não cobertas pela condição contributiva

2. Embora o debate tenha ocorrido em 1995, sua publicação ocorreu somente em 1999.

3. O ECA efetiva a adesão do Brasil à Convenção Internacional dos Direitos da Criança (1989), estabelecendo a direção de ruptura com bases menorista e punitivista do então Código de Menores e da Política Nacional do Bem-Estar do Menor e suas institucionalidades expressas pela FUNABEM, FEBEMs, e sua substituta temporal, a FCBIA.

4. No governo do estado de São Paulo, na Segunda República, e início da industrialização urbana, o governo do estado criou, pela Lei n. 2.497, na sugestiva data de 24 de dezembro de 1935, o Departamento de Assistência Social do Estado, inicialmente subordinado à Justiça, e tinha sob sua estrutura o Departamento de Assistência e Proteção aos Menores, ao qual se subordinava o Juízo de Menores e os abrigos de internação da capital e interior. Ao ser desvinculado da Justiça, o departamento passou a ser denominado de Serviço Social do Estado, ao lado do Serviço Social de Menores. A cidade de São Paulo, a partir de 1951, e subordinada à primeira-dama Leonor Mendes de Barros, instala a CASMU — Comissão de Assistência Social do Município. Nos estados, as agências regionais da LBA instaladas ainda nos anos 1940 incorporaram iniciativas nesse campo. É de se ter presente que foi só a partir da Constituição Federal de 1988 que os municípios foram reconhecidos como entes federativos autônomos.

da previdência social. Ao Estado passou a caber o compromisso de efetivar o reconhecimento social da dignidade daqueles em situação de violação de direitos e precariedade da sobrevivência social. Por consequência, uma nova linguagem compatível com direitos de cidadania deveria ser adotada, retirando as nominações como carentes, abandonados, vadios, negligentes, sem higiene, entre outras.

Há um fator de diversidade genética entre a LOAS e o ECA a ser considerado, embora exista unidade em defesa de direitos de cidadania. Há que se ter cuidado, porém, pois diferenças podem receber interpretações equivocadas de ocorrências históricas. Interpretações equivocadas sobre a trajetória da LOAS têm estado presentes entre alguns militantes do ECA[5]. Registre-se que o mesmo presidente Collor de Mello que aprovou o ECA, em 1990, vetou a LOAS no mesmo ano, alegando que ela criava um benefício para crianças e aumentaria as despesas do Estado. Foi a luta contra esse veto presidencial que unificou as forças sociais do país a escrever, coletivamente, um novo texto aprovado e sancionado somente em dezembro de 1993 sob o Governo Itamar Franco.

2. Direção social das legislações

O ECA centra sua atenção na criança, no adolescente e sua família, utilizando de princípios éticos e políticos que orientam a ação do

5. Essa diversidade é por vezes mal referida como uma desqualificação da LOAS quando alguns se manifestam afirmando que a LOAS é invenção de um grupo político e acadêmico desvinculado de um processo de luta. Trata-se de uma leitura disparatada do real. A partir de 1990, vários deputados apresentaram projetos de lei para a LOAS. A Frente Nacional de Municípios os debateu, e foi realizada em auditório da Câmara Federal, com a presença de representantes de diversos estados e da ANASSELBA — Associação Nacional de Servidores da LBA —, análise, artigo por artigo, de um projeto de lei que foi, por exigência protocolar, enviado pelo Executivo à Câmara no Governo Itamar Franco. Cabe lembrar ainda que o modelo inaugural de um sistema único para organização nacional de gestão da assistência social foi apresentado em 1990, pela ANASSELBA. De fato, em 1984/1985 ocorreu pesquisa sobre o tema realizada pela PUC-SP, publicada em 1985 e que deu origem à constituição do NEPSAS — Núcleo de Estudos e Pesquisas sobre Seguridade e Assistência Social.

Estado e da sociedade em relação à infância e à adolescência. A LOAS de 1993 não chega a detalhar os princípios éticos e políticos de suas atenções, concentrando-se em criar uma hierarquia democrática de gestão entre os entes federativos e entre o Estado e a sociedade. Há que se destacar os princípios e diretrizes que declinaram o conteúdo da nova política estatal. É de se ter presente que as atenções que cabem ao requerente, no âmbito da LOAS, estão legalmente submetidas por princípios como: supremacia do atendimento às necessidades sociais sobre as exigências de rentabilidade econômica; universalização dos direitos sociais; respeito ao cidadão; igualdade de direitos no acesso; divulgação ampla dos benefícios, serviços e recursos; proibição de qualquer comprovação vexatória de necessidade; ausência de discriminação de qualquer natureza, garantindo-se equivalência às populações urbanas e rurais; divulgação dos critérios para a concessão de benefícios.

A condição de que os/as cidadãos/ãs que demandam proteção social sejam considerados sujeitos de direitos é, ainda, uma custosa construção, pois significa reconhecer que suas demandas por proteção social estão no campo das responsabilidades sociais do Estado. A assistência social, a partir da Política Nacional de Assistência Social de 2004 — PNAS-04 —, e das normas reguladoras posteriores, aclarou sua responsabilidade estatal em proteger a acolhida e o convívio da família, da infância, da adolescência, da mulher, da velhice, das pessoas com deficiência, das vítimas de violência, das vítimas de preconceitos. Para tanto, a LOAS, estendida por todo o país, opera pelo SUAS — Sistema Único de Assistência Social. Essa construção social implica que ocorra o alcance de todos a determinadas seguranças sociais, tais como: acolhida, convívio, sobrevivência de renda; sobrevivência a riscos sociais, entre os quais os resultantes de violações e de tragédias naturais. Trata-se de uma modalidade de seguridade social distributiva, assim como a saúde de direção restauradora.

A presença da gestão democrática da assistência social nos órgãos estatais foi o movimento principal da década de 1990 nessa política, o que implicou descentralizar as competências da LBA e sua extinção.

Movimento similar ocorreu com os órgãos operadores da política do menor que foram extintos.

As trajetórias de luta social entre ECA e LOAS guardam distinções que não permitem estabelecer uma hierarquia classificatória entre uma e outra, pondo a perder o alcance devido aos direitos do cidadão e da cidadã. É preciso unidade de força para acentuar o que eu chamaria de ponto de vista da radicalidade na defesa de direitos sociais.

Embora tenham sido somente três anos que demarcaram o intervalo de tempo de promulgação das leis do ECA e da LOAS, a aceitação mútua teve (e talvez ainda tenha, pontualmente) ruídos que tinham por maior referência o passado histórico de convívio em conjunturas autoritárias do que propriamente um rechaço ao que foi disposto quer no ECA, quer na LOAS.

3. Registro de um certo preconceito com a atenção da assistência social a crianças e adolescentes

É pertinente breve digressão sobre o trato no âmbito do Judiciário quando revelador de equívoco no entendimento da assistência social tornando-a uma quase defensoria dos mais fragilizados. A respeito, Luis Eduardo Regules, em recente publicação sobre o princípio da participação social na política de assistência social, relembra a dificuldade em se entender o "lócus" da assistência social. Resgata o exemplo de situação em que um Juiz solicita que a Secretaria de Assistência Social interceda junto a outra pasta para que seja atendida uma pessoa com deficiência nos serviços de transportes públicos. Regules avalia: "Não é porque o titular do direito é pessoa com deficiência que o atendimento automaticamente se desloca para a Assistência Social, até porque esse cidadão ou cidadã possui direitos variados: saúde, educação, moradia, transporte, etc." (Regules, 2019, p. 697).

A pessoa com suas necessidades específicas deve ser tratada por todas as políticas públicas, sem demandar para tanto um salvo-conduto da assistência social para lhe dar visibilidade e acolhida.

O ECA, em sua redação de 1990, expõe, quanto ao campo da assistência social, afirmações e linguagem discriminatórias ao não reafirmar que essa política efetiva acesso a direitos sociais de cidadania. Distingue o que denomina políticas sociais básicas e introduz o conceito de políticas supletivas. Sob tal leitura, a assistência social foi restringida a ser um campo supletivo de atendimento a um subconjunto de indivíduos.

ECA — Lei n. 8.069, de 1990 — em artigos em que não se distingue assistência social de serviço social

Art. 87. São linhas de ação da política de atendimento:

I — políticas sociais básicas;

II — **políticas e programas de assistência social, em caráter supletivo, para aqueles que deles necessitem**.

Alteração realizada em 2016, pela Lei n. 13.527, após 26 anos da aprovação do ECA:

II — serviços, programas, projetos e benefícios de assistência social de garantia de proteção social e de prevenção e redução de violações de direitos, seus agravamentos ou reincidências;

Art. 136. São atribuições do Conselho Tutelar:

I...

II...

III — promover a execução de suas decisões, podendo para tanto:

a) Requisitar serviços públicos nas áreas de saúde, educação, **serviço social,** previdência, trabalho e segurança;

OBS.: Quanto ao texto que consta na alínea *a*, do item III, do artigo 136, o NEPSAS/PUC-SP encaminhou em 8/6/2017 à Câmara Federal proposta de projeto de lei para alteração do texto. A proposta foi incorporada pela então presidente da Frente Parlamentar da Criança e do Adolescente, recebendo o número de Projeto de Lei 8.251/2017, que se acha em tramitação.

Embora seja frequente a associação da LOAS com o pobre e a pobreza de fato, ao se afirmar essa referência, mantém-se o campo de ação dessa política associado ao surrado assistencialismo paliativo. Outra confusão é a que ocorre pelo amálgama em um só produto da assistência social — ambiente de política pública, com serviço social —, campo acadêmico para formação profissional, instalada divisão sociotécnica do trabalho, com a ação profissional do assistente social. Esse mix ao pensar a assistência social como sinônimo de Serviço Social exprime aquilo que faz um assistente social na atenção a pobres, carentes e vulneráveis: o exercício da profissão associado à figura de um assistente social, um ser atencioso que cuida dos pobres e necessitados.

O profissional assistente social estaria assim limitado burocraticamente como mão de obra alheia aos direitos sociais para quem a ação é dirigida. A inclusão da assistência social sem ingressá-la em ambiente de direitos sociais pode-se dizer afrontoso ao disposto pela Constituição Federal de 1988. Pela legislação de 2016, constata-se que lenta alteração vem sendo realizada. Foi paradigmática a correção do artigo 87 do ECA após 26 anos.[6]

Antonio Carlos Gomes da Costa, no debate aludido no início deste texto, assim se pronunciou: "A política de atendimento tem como primeira linha de ação as políticas sociais básicas.... Uma política social é básica quando dela se pode dizer: isso é direito de todos e dever do Estado. Já a política de assistência social não é universal, não é todo mundo que vai ter acesso aos programas de assistência

---

6. Ver artigo de minha autoria sob o título: "Os desafios da municipalização do atendimento à criança e ao adolescente: o convívio entre a LOAS e o ECA", que foi publicado em dezembro de 1994 na *Revista Serviço Social & Sociedade,* da Cortez Editora, p. 104-114. O artigo transcreve minha participação na I Conferência Municipal dos Direitos da Criança e do Adolescente do Rio de Janeiro, em 23 e 24 de setembro de 1994. Ali afirmo, na p. 106, que: "*2.1 — É necessário destituir a política de assistência social do ECA do caráter subalterno e desqualificador que a faz distinta das demais políticas básicas*". Encerro esse artigo com a proposta para que fosse criado um Código de Serviços de Atenção à Criança e ao Adolescente capaz de referenciar padrões de qualidade dessa atenção em todo o país.

social" (Gomes da Costa, 1999, p. 114). O autor comenta ainda que o corte na atenção à criança e ao adolescente não é a pobreza.

Acompanho o pensamento do autor quanto à impropriedade da política social conter seletividade de acesso e acrescento que proteção social não é uma mercadoria que para ser acessada é preciso ter poder aquisitivo. Acresço, porém, que entendo como equívoco de natureza ideológica neoliberal associar a política de assistência social à pobreza. Como política social ela não conta, em absoluto, com condições objetivas para operar a superação da pobreza multidimensional que reflete a falta de acesso à cidadania, a direitos básicos consagrados a todo cidadão, e também à renda básica para a sua sobrevivência. A distribuição de riqueza social entre os/as cidadãos/ãs não é matéria de política social e sim de política econômica com direção redistributiva.

A LOAS, ou qualquer política social, não guarda capacidade legal, institucional ou operativa para eliminar a miséria ou reduzir a pobreza do país. As políticas sociais podem e devem operar no enfrentamento de fatores excludentes do reconhecimento social, entre os quais: o trato do requerente com presença de discriminação social, sobretudo por etnia, raça e gênero; a discriminação de acesso aos serviços e bens sociais e culturais públicos.

Apesar disso, a política de assistência social não pode ser relatada como um paliativo edulcorante. O campo da assistência social, que pertence à família da seguridade social, é o de operar proteção social através de um conjunto de serviços e de benefícios, acessados na condição de direitos sociais de cidadania.

4. Presença da Proteção Social entre LOAS e ECA

Tanto a LOAS quanto o ECA são legislações voltadas para a proteção social, tema de difícil penetração na cultura política nacional onde recebem baixa visibilidade. A noção de proteção tem sido entendida sob a influência liberal e neoliberal que a entendem como uma questão individual e pessoal de desproteção social, e refutam a construção de um modo de enfrentamento coletivo e social. Proteção social contém uma externalidade, tem o sentido de contar com algo em face da condição de desproteção, porém, esse "contar com" está a merecer respostas permanentes e contínuas.

Superar a compreensão individual de proteção social, que marca o senso comum conservador e não democrático, exige um salto de civilidade na sociedade, de modo a garantir um conjunto de obrigações que permitam assegurar que um dado padrão de dignidade seja assegurado em nossa sociedade a todos os cidadãos.

A conjuntura brasileira após 30 anos do ECA enfrenta duas ameaças: uma é a de adensar a cultura política que faz valer a agenda social do país; outra é a de conseguir formalizar a garantia de que as atenções sociais tenham maior força de permanência dificultando a que se volte atrás face às conquistas realizadas. São trinta anos de luta para que se compreenda o princípio de que a proteção social deva ser assumida coletivamente e para que haja garantias em fatos, normatizações, em ações, em orçamentos, para que além das palavras seja efetivada a garantia de direitos.

A grande cumplicidade entre a LOAS e o ECA reside na base universalista, do ponto de vista etário, e na superação da discriminação social, que constrói uma barreira na cultura dos direitos sociais na sociedade brasileira. Trata-se de envolver agentes públicos do Estado e representantes da sociedade civil, pois assegurar um padrão de dignidade não implica somente aqueles que personificam o Estado, uma vez que envolve, sobretudo, um firme e contínuo controle social, quer na relação com o Estado, quer na sociedade para consigo mesma.

A direção social do ECA e da LOAS apresenta convergências, na medida em que busca instituir, na sociedade brasileira, um tipo de relação capaz de estender direitos sociais a todos os brasileiros, independentemente de sua idade, etnia, raça, religião, gênero e lugar onde vivam. Há duas dimensões na perspectiva dessa extensão: uma horizontal e outra territorial. Tanto o ECA quanto a LOAS, além de sua horizontalidade para a universalidade, estabelecem processo de capilarização territorial pela descentralização de sua presença e ação nos municípios. Essa capilarização exige contínuo trabalho de extensão dos acessos com equivalente trabalho para capacitar seus agentes a incorporar tal direção social.

Não basta que os governos incorporem a atenção às necessidades sociais[7]. Gomes da Costa afirma: "as necessidades das crianças são reconhecidas como direitos exigíveis na lei". E ainda reafirma: "crianças não têm necessidades e sim direitos!". É necessário que a sociedade exija como pauta estatal a preservação da dignidade humana e a efetivação dos direitos a ela condizentes. Entendo que levar a cabo o disposto no ECA e na LOAS é uma missão voltada para o efetivo reconhecimento da dignidade dos brasileiros.

5. Controle social e expectativa de atenção

A estrutura organizativa do SUAS e do ECA apresenta similitude em suas unidades participativas. Em ambas as gestões é prevista a dinâmica presente de conselhos paritários para cada município, outra para cada estado da federação e do Distrito Federal, e outra para o nível nacional. Além disso, ambos têm Fundos, cuja autorização de uso de verbas é submetida aos Conselhos. Outro formato aglutinador são os ciclos conferenciais de ocorrência regular que possibilitam um processo ascendente de discussões encaminhadas por representantes

7. É bom relembrar que o fato de alguém manifestar sua necessidade social não significa que caiba marcá-lo e nominá-lo como necessitado, fazendo ingressar no mundo do consumo que seleciona os/as cidadãos/ãs pelo seu poder de compra.

desde os municípios. A manutenção dessa organização democrática e ascendente é fundamental para a cultura de direitos.

Luis Regules afirma que conselhos de políticas públicas têm caráter vinculante, na medida em que "a cidadania tem papel central no processo em que representantes escolhidos para esse colegiado participam da tomada de decisões políticas e do controle da gestão pública" (Regules, 2019, p. 691).

É de se ter presente que o fato de ampliar o campo de direitos sociais para novas situações, e sujeitos, é inaugural em uma sociedade marcada pela dualidade da cidadania — os de primeira e os de segunda ou até não cidadãos — e reforça a situação em que a legislação não teve condições de prever as diversas situações fáticas. A esse respeito, Luis Regules afirma ainda: "novos sentidos possíveis que a realidade impõe na proteção de determinados direitos fundamentais ou na consolidação de certas políticas públicas" termina por configurar os Conselhos de Políticas Públicas a condição "fundamental para atualizar a lei ao momento presente, sem o qual a própria Constituição e a lei perderiam a eficácia jurídica e efetividade social" (Regules, 2019, p. 692).

Embora essa similaridade organizativa, não se pode afirmar que, entre os conselhos gestores do ECA e da LOAS, haja uma agenda de pontos integrados[8] de luta, no que se refere, por exemplo, a benefícios e serviços socioassistenciais. Há que ser superada a relação de culpabilização entre ECA e LOAS deslocando o debate para a obtenção das condições concretas de atenção.

A conjuntura mundial, e a do Brasil, em particular, está a exigir força que impeça o retrocesso no tocante a direitos sociais

8. O valor do benefício a uma criança conforme é praticado pela União, no salário-família, no bolsa família, no valor do desconto do imposto de renda por dependente precisaria receber atenção, pois são formas distintas de trato da mesma criança brasileira. O mesmo pode ser dito sobre o valor de benefício corporativo a filhos de trabalhadores do Legislativo e do Judiciário. O corte de trabalhadores e orçamentos em serviços socioassistenciais que atendem crianças e adolescentes poderia ser discutido em conjunto, buscando informação e densidade de argumentação.

conquistados. Forças do poder governamental do país são favorecedoras do individualismo, em antítese às políticas sociais e dos investimentos sociais. É preciso ser enfrentado esse modo de ler e restringir a responsabilidade social do Estado brasileiro, acentuando a exploração do trabalho. Expressões coletivas de forças defensivas dos direitos sociais são necessárias e convocam a unidade de luta entre LOAS e ECA. No caso, o que está em questão é a relação de sinergia entre LOAS e ECA.

6. A unidade entre o socioeducativo e o socioprotetivo

Antonio Carlos Gomes da Costa, em seu pronunciamento de 1995, afirmou: "creio que todos os programas para atender crianças e adolescentes em situação de risco pessoal e social podem ser feitos via assistência social, considerando uma forma de ação social especializada". E, adiante, acresce: "Na área social, se quisermos que as leis saiam do papel, precisamos contar com uma longa caminhada e com mobilização da sociedade. Não se trata de uma corrida de 100 metros rasos, mas de uma maratona. Para qual precisamos estar sempre preparados" (Gomes da Costa, 1999, p. 116 e 118).

A partir de 2009, com a aprovação da Tipificação dos Serviços Socioassistenciais, atenções de proteção social de média e alta complexidade dirigidas a crianças e adolescentes foram alocadas no âmbito do SUAS. Aqui se faz referência específica à proteção de média complexidade com o Serviço de Proteção Social a Adolescentes em Cumprimento de Medida Socioeducativa de Liberdade Assistida (LA), e de Prestação de Serviços à Comunidade (PSC); e na alta complexidade, o Serviço de Acolhimento Institucional, na forma de abrigo.

O acolhimento institucional tem forte relação com o CREAS e o Conselho tutelar, além das OSC — Organizações da Sociedade Civil

— que exercem sob convênio a gestão dos abrigos. O Serviço de Execução da MSE-MA tem relação direta entre os Juízes das VEIJS —Varas Especializadas em Infância e Juventude — e os técnicos, que operam com MSE-MA nos CREAS ou em serviços que operam fora do CREAS sob convênio com OSC. Todavia, as interfaces entre ECA e LOAS, estabelecidas pelo SINASE em Resolução do Conanda de 2016 e, na Lei n. 12.594, de 18 de janeiro de 2012, três anos após a Tipificação do Serviço de Proteção Social a Adolescentes em Cumprimento de Medida Socioeducativa de Liberdade Assistida (LA), e de Prestação de Serviços à Comunidade (PSC), no âmbito da Assistência Social, operado pelo SUAS, não fazem qualquer menção a essa responsabilidade institucional do SUAS.

As interfaces entre ECA e LOAS nesses serviços provocam mutuamente cuidados, interferências e, não raro, desacordos como: preocupação não punitivista no trato da criança, do adolescente e em alguns casos chegando a questão às mães; condições concretas do lugar onde vivem as crianças e adolescentes com suas familias, e os efetivos recursos com que contam para resolver suas necessidades cotidianas.[9] Uma das questões que têm causado dificuldades de entendimento se refere à aceitação do componente socioprotetivo, que é da especificidade da assistência social em relação ao componente socioeducativo e o sociojurídico.

Persiste ainda a leitura, de senso comum conservador, de que a assistência social não é educativa e não teria força para se contrapor ao conceito punitivo. Considera-se que a socioproteção é de natureza frágil diante da punição pelo seu caráter acautelador. Parece

9. Estudo realizado na cidade de São Paulo, consultando 320 prontuários de adolescentes em 43 serviços de MSE-MA, e na cidade do Rio de Janeiro, analisando 100 prontuários de 14 CREAS, verificou a percepção do técnico sobre o adolescente, sua família, seu território de vivência cotidiana. O estudo revelou várias características que estão sendo impressas nas MSE-MA. Entre elas, a ausência de um efetivo Sistema Nacional de Informações sobre as práticas de MSE-MA no país. O estudo de autoria de Rizzini, Sposati e Oliveira publicado sob o título: *Adolescências, direitos, medidas socioeducativas em meio aberto*, pela Cortez Editora, em 2019, contém todo o resultado da análise realizada com múltiplos dados sobre o tema.

permanecer ainda no senso comum do Judiciário a leitura de que a assistência social é um serviço-meio, a presença de mão de obra auxiliar na execução da MSE-MA que não possui qualquer identidade socioprotetiva.

7. Algumas perspectivas

O ECA constitui um avanço civilizatório que altera padrões relacionais e concebe que infância e adolescência são períodos da vida humana de caráter socioeducativo e protetivo. O que por óbvio não se declina com violência, punição e castigo. A concepção de civilidade e respeito à dignidade das crianças e adolescentes, instaurada em 1990, exigiu, e exige, alterações na cultura intergeracional e institucional junto a crianças e adolescentes. Sabe-se que toda essa mudança não é automática. Ela não ocorre automaticamente após a alteração de um texto. Ela exige, sim, profunda e contínua alteração cultural dos dispositivos empregados pela sociedade. Discute-se, e se volta a discutir, o aprofundamento de níveis de entendimento para que se possam tornar condutas permanentes.

Essa ressalva permite que se distinga o que se pode denominar de: conteúdo do disposto pelo texto do ECA, dos fatos que conformam o processo histórico de introjeção da cultura do ECA e suas consequências, nos cidadãos e nas instituições. O grau de maturação da sociedade brasileira e suas instituições, nos trinta últimos anos que distam da promulgação do ECA, expressa no que, e o quanto, as crianças e os adolescentes são considerados, e tratados, como prioridade absoluta nas ações públicas. Seres em desenvolvimento requerem proteção integral. Com certeza, enxergam-se avanços, embora estes, não raro, estejam demarcados por incompletudes e inconstâncias em suas permanências, além de ameaças pela sua extinção sobretudo pelo corte de financiamento público.

Referências

Legislações Brasileiras:

Constituição da República Federativa do Brasil de 1988.

Estatuto da Criança e do Adolescente — Lei n. 8.069 (Lei Ordinária), de 13/7/1990. Revisto pela Lei n. 13.257, de 2016.

Lei Orgânica da Assistência Social — Lei n. 8.742, de 8/12/1993.

Tipificação Nacional dos Serviços Socioassistenciais, Resolução CNAS n. 109, de 11/11/2009.

Lei do Sistema Nacional de Atendimento Socioeducativo — Sinase — Lei n. 12.594, de 18/01/2012.

COSTA, A. C. Gomes da. O Estatuto da Criança e do Adolescente e a Política de Atenção à Infância e à Juventude. *In*: PALMA E SILVA, L. A.; STANISCI, S. A. (org.) *Assistência social:* parâmetros e problemas. Brasília: Fundap, 1999. p. 111-118.

REGULES, L. E. O princípio da participação social na formulação das Políticas de Assistência Social. *In*: HIGA, A. S.; SOUZA JUNIOR, A. B. (org.). *Temas atuais do direito público.* Londrina: Thoth, 2019. p. 687-707.

RIZZINI, I.; SPOSATI, A.; OLIVEIRA, A. C. *Adolescências, direitos e medidas socioeducativas em meio aberto.* São Paulo: Cortez, 2019. (Coleção Temas Sociojurídicos)

SPOSATI, A. Os desafios da municipalização do atendimento à criança e ao adolescente: o convívio entre a LOAS e o ECA. *Serviço Social & Sociedade*, São Paulo: Cortez, ano XV, n. 46, p. 104-115, dez. 1994.

SPOSATI, A. A Lei Orgânica da Assistência Social e a Política de Atenção à Infância e à Juventude. *In*: PALMA E SILVA, L. A.; STANISCI, S. A. (org.). *Assistência social:* parâmetros e problemas. Brasília: Fundap, 1999. p. 119-128.

CAPÍTULO 4

O Sistema de Justiça na relação com o Sinase: direito *versus* justiça

Eduardo Dias de Souza Ferreira
Marília Cerqueira Lima

Introdução: a justiça para a realização do direito

O Sistema de Justiça como instrumento de promoção de educação em direitos humanos, e dos princípios e valores ético-jurídicos e políticos construídos nos últimos trinta anos no Brasil, a partir do conhecimento da realidade. As articulações entre o sistema protetivo (Resolução CONANDA n. 113) e o sistema socioeducativo (SINASE). E a conceituação do direito *versus* justiça, conflito permanente no universo da aplicação de medidas socioeducativas, são os núcleos temáticos tratados adiante.

A criação do Sistema Nacional de Atendimento Socioeducativo (SINASE), em 2012, foi um progresso, conforme aponta o Relatório do Fundo das Nações Unidas para a Infância (UNICEF), denominado "30 anos da Convenção sobre os Direitos da Criança: avanços e desafios para meninas e meninos no Brasil" (UNICEF, 2019): "Além de definir temas como o financiamento dos programas, o desenvolvimento dos planos de atendimento socioeducativo e a obrigação de intervenções específicas nas famílias dos adolescentes, o SINASE também estabeleceu as responsabilidades de cada esfera governamental. Aos municípios cabe a oferta de programas destinados à execução das medidas socioeducativas em meio aberto (liberdade assistida e prestação de serviços à comunidade); aos estados, por sua vez, a aplicação das medidas privativas de liberdade (internação e semiliberdade). Porém, apesar desses avanços, vem aumentando de forma constante o número de adolescentes em situação de restrição e privação de liberdade. O total de adolescentes em medida de internação fechada passou de 16,8 mil em 2008 para 26,4 mil em 2016, segundo dados do SINASE. Esse dado indica que as medidas protetivas vinculadas ao ECA ainda apresentam falhas em sua implementação, em especial a execução de medidas socioeducativas em meio aberto no âmbito do Suas. Além disso, verificam-se irregularidades no sistema, como unidades superlotadas e sem condições de higiene e salubridade; falta de projetos pedagógicos; e uso da internação como medida padrão para casos que são passíveis de solução em meio aberto. Também falta capacitação sobre medidas socioeducativas aos trabalhadores da assistência social municipal. De acordo com o Censo Suas 2016, 33% dos CREAS instalados no país não contavam com nenhum profissional que tivesse recebido capacitação sobre o SINASE e medidas socioeducativas".

A discussão sobre o conflito entre direito e justiça não é abordagem nova no mundo do direito ("Teu dever é lutar pelo Direito, mas se um dia encontrares o Direito em conflito com a Justiça, luta pela Justiça" — Eduardo Juan Couture), nem mesmo na área de adolescentes em conflito com a lei (Sposato, 2013).

André Franco Montoro, ao abordar a "significação da justiça para o direito", alertava que "estudar a relação entre direito e justiça significa enfrentar um dos principais problemas de filosofia jurídica, que consiste em responder à pergunta: qual o fundamento do direito?". E para essa resposta há diversas doutrinas que podem ser agrupadas como decorrentes de duas concepções básicas do direito: naturalista ou positivista; e a humanista ou ética (Montoro, 2016, p. 292).

A Justiça é um sistema aberto de valores em constante mutação. Por melhor que seja a lei, por mais avançados os seus princípios, haverá sempre a necessidade de se engendrar novas fórmulas jurídicas para ajustá-la às constantes transformações sociais e aos novos ideais da justiça (Cavalieri Filho, 2002, p. 63).

Pode-se afirmar, assim, que o SINASE possibilita que, em face do pacto federativo e das diversas realidades no Brasil, seja possível aplicar a Lei federal (ECA — art. 103 e Legislação Penal) em busca da proteção integral do adolescente em conflito com a lei, pois é possível adequar a sua aplicação às realidades locais, daí os Sistemas Estaduais e Municipais de Execução de Medidas Sócio-Educativas, estes últimos apelidados de "SIMASE", destinados às medidas socioeducativas em meio aberto (LA e PSC). Nesse sentido, interessante verificar os sistemas de Alagoas, Rio Grande do Sul e São Paulo[1].

2. Sistema de Atendimento Socioeducativo e Programa de Atendimento aos Egressos e suas Famílias

É trazida situação especial de um dos menores e mais pobres estados da Federação, o estado de Alagoas[2], localizado na Região

1. LIMA, Marilia Cerqueira. *A proteção integral e o egresso da medida socioeducativa de internação na perspectiva de reinserção social*. São Paulo: [*s.n.*], 2018.

2. Alagoas possui 20 municípios com número populacional acima de 30 mil habitantes, sendo Maceió, sua capital, com 1.029.129 em número populacional — dados de 2017 (IBGE/Seplag-AL); com densidade demográfica de 120,62 (dados de 2016 — IBGE/PNAD; e IDH de

Nordeste do país, com elevados índices de desigualdade econômica e social, bem como possuidor de notórios e elevados índices de violência — registrados no *Atlas da Violência de 2018* —, englobando questões específicas, como a violência contra e praticada por adolescentes infratores e o correlato problema de estruturação de uma política socioeducativa de enfrentamento.

Em 2015 seu sistema socioeducativo foi assumido pela Secretaria de Estado de Prevenção à Violência — SEPREV[3] —, cabendo à Superintendência de Medidas Socioeducativas — SUMESE — a administração da política socioeducativa, estruturada em cinco programas, em meio fechado e em regime de semiliberdade.

Quanto ao atendimento das famílias no seu Projeto Político Pedagógico — PPP —, elaborado em 2017, é pontuada a elaboração de um plano de ação visando à promoção da meta de aproximação com as famílias dos socioeducandos e o fornecimento de orientação, visando à construção e reconstrução de vínculos familiares no Marco Operativo — Dimensão da Assistência Social e Psicológica (família/adolescentes/sociedade) do Programa de Internação Provisória. Nos mesmos moldes é a previsão do Programa de Internação de Jovens e Adultos, no Programa de Internação Socioeducativo, bem como no Programa Feminino de Internação Provisória, Internação e Semiliberdade; havendo ainda, na Metodologia de Atendimento Multidisciplinar, a previsão de articulação da rede local, com vista aos atendimentos das demandas das famílias e reinserção do adolescente ou jovem.

Quanto à proposta de reinserção social há apenas a previsão no Programa Feminino de Internação Provisória, Internação e Semiliberdade, no Marco Operativo — Dimensão Pedagógica, tendo como meta estruturar projetos profissionalizantes com perspectiva

---

0,667 no geral, significando uma elevação de 1991 a 2014, em Alagoas, em que agrega a análise de renda, longevidade e educação (PNUD/Atlas do Desenvolvimento Humano no Brasil de 2013/estimado para 2014 pela Fundação João Pinheiro). Disponível em: www.dados.gov.alagoas.br. Acesso em: 2 jul. 2018.

3. Criada em 2015, através de Lei Delegada do Estado de Alagoas n. 47, de 10 de agosto.

de inserção produtiva, e, textualmente, no Marco Operativo — Dimensão da Assistência Social e Psicológica, há a meta de "estruturar o Núcleo de Egressos", com ações de acompanhamento da reinserção da adolescente no convívio comunitário pós-medida socioeducativa.

Na política de atendimento socioeducativo do estado do Rio Grande do Sul já há uma perspectiva de atendimento ao egresso e sua família a ser destacada, desde 2009, quando, através da Lei n. 13.122, foi instituído o Programa de Acompanhamento de Egressos, atualmente inserido no Programa de Oportunidade e Direitos RS Socioeducativo — POD RS Socioeducativo, pela Lei n. 14.227/2013 e alterações da Lei n. 14.228/2013.

Este Programa insere os adolescentes e jovens adultos egressos na Fundação de Atendimento Socioeducativo — FASE — a partir dos respectivos enquadramentos na definição de egressos como jovens adultos de 12 a 21 anos, que cumpriram medida de internação, internação-sanção e/ou semiliberdade, envolvendo a todos os atores da contextualização de vida destes jovens egressos numa parceria entre técnicos especializados e a família, os quais se disponibilizam a construir uma rede de orientação e apoio sistemático, com definição de intervenções, especialmente através da promoção da educação e capacitação profissional.

No estado de São Paulo, a estrutura para a execução das medidas socioeducativas no meio fechado (internação e semiliberdade) tem sua centralidade na Fundação Casa[4]. Os números e a proporção de funcionários e internos assustam, pois em levantamento feito em maio

4. CRESS-9ª Região: "orçamento anual próximo de 1,5 bilhão de reais para atender cerca de 10 mil adolescentes, a Fundação possui cerca de 15 mil funcionários, tem patrimônio espalhado por todo o Estado de São Paulo, mais de 26 mil ações judiciais em tramitação em várias instâncias da Justiça, inclusive com algumas condenações indenizatórias e, não obstante isso, não sofre qualquer tipo de fiscalização por parte do Conselho Estadual dos Direitos da Criança e do Adolescente (Condeca), nem da Curadoria de Fundações do Ministério Público do Estado de São Paulo ou da Assembleia Legislativa do Estado (Alesp), cuja base governista impede qualquer ação mais direta de investigação. Exceção deve ser reconhecida ao Núcleo de Assessoria Técnica Psicossocial (NAT), do Ministério Público, que produziu minucioso relatório para apresentar dados gerais e análises decorrentes das 321 visitas de inspeção realizadas no

de 2016, o número de jovens atendidos foi menor que o número de funcionários, todavia, faltam Assistentes Sociais[5].

O impacto do atual estágio de nossa "civilização capitalista" (Comparato, 2014), com o agravamento da desigualdade e transformação dos serviços públicos em mercadoria, impacta as políticas sociais, em especial aquelas diretamente relacionadas com a execução de medidas socioeducativas: relações de trabalho precária ("uberização"), ênfase nos mecanismos de controle contábil e burocrático, pouco permeável a críticas por usuários (no caso adolescentes e familiares e sociedade em geral) e trabalhadores da base da pirâmide (educadores e técnicos que atuam nas unidades).

A tensão entre garantir o próprio posto de trabalho, muitas vezes, dificulta o cumprimento da atividade-fim e a observância nas regras mínimas da ética, gerando adoecimento desses profissionais. Proporcionar ambiente sociopedagógico, pautado pela ética e primazia da dignidade da pessoa humana e manter-se motivado, é um árduo exercício diário.

Nas medidas em meio aberto, a terceirização com o MROSC (Lei n. 13.019/2014) afetou sobremaneira a Execução do SINASE, em especial nos grandes centros. Na cidade de São Paulo, p. ex., todas as medidas em meio aberto são executadas por meio de "parcerias" (nova nomenclatura para convênios) e o trabalho das Assistentes Sociais[6] do P. Público transformou-se em gestoras desses contratos (termos de parceria — Rocha, 2018).

---

período de fevereiro/2012 a outubro/2013, aos Centros de Atendimento Socioeducativo da Fundação Casa".

5. CRESS-9ª Região, p. 75: "Outro desafio extraordinário é chegar a uma equação entre os números de adolescentes atendidos (9.580, em 13/05/2016) e funcionários (cerca de 14.911, em 30/04/2015), o que é incompreensível diante de qualquer racionalidade administrativa. Mesmo com uma média de 1,55 funcionário para cada adolescente, a Fundação não consegue desenvolver atividades e programas eminentemente socioeducativos; e funcionários diretamente envolvidos no atendimento sofrem todas as mazelas do stress institucional: doença mental, drogadição, alcoolismo e exposição à violência".

6. Maior parte de mulheres. In: CRESS-9ª Região, p. 60-61.

3. Dos Planos Decenais Estaduais de Atendimento Socioeducativo de Alagoas, do Rio Grande do Sul e de São Paulo

No Plano Decenal Estadual de Atendimento Socioeducativo (2016-2024) de Alagoas[7], há no Eixo 2 — Qualificação do Atendimento Socioeducativo, no Objetivo — Implementar uma política de profissionalização e acesso ao mercado de trabalho para os adolescentes e jovens em cumprimento de medidas socioeducativas em meio fechado, a previsão de metas que visem à garantia de cursos profissionalizantes, cursos e oficinas de educação profissional e tecnológica, e estruturação de uma rede de inclusão produtiva entre instituições públicas e particulares, para adolescentes e familiares, não havendo, contudo, previsão textual de "programa para egressos". Outro ponto é que no Eixo 1 — Gestão do Sistema Socioeducativo, a única previsão para cofinanciamento de políticas socioeducativas é para programas em meio aberto.

No Plano Estadual de Atendimento Socioeducativo do Estado do Rio Grande do Sul: Diretrizes e Eixos Operativos para o SINASE, aprovado pela Resolução CEDICA/RS n. 154/2016, Porto Alegre, junho/2016:

a) Eixo Gestão do SINASE, no Objetivo 2 — Desenvolver a produção de conhecimento acerca da realidade dinâmica das MSE para a qualificação na sua execução no estado, há a Meta 2.8 — Articular junto à Secretaria de Educação o acesso ao sistema de dados e informações sobre a trajetória escolar dos socioeducandos,

---

7. O Plano Decenal Estadual de Atendimento Socioeducativo de Alagoas, apesar de ter sido elaborado em 2016, ainda não foi aprovado, devido ao não funcionamento do Conselho Estadual dos Direitos da Criança, uma vez que tinha havido irregularidade na eleição para representantes da sociedade civil, conforme se depreende de Recomendação n. 01/2018-44ª PJC do Ministério Público Estadual.

A notícia atual (janeiro de 2020) é de que houve as aludidas eleições dentro da regularidade, houve a respectiva posse dos eleitos e o Conselho dos Direitos da Criança e do Adolescente já se encontra em regular funcionamento, contudo ainda não houve a aprovação do Plano Decenal de Atendimento Socioeducativo de Alagoas, conforme se depreende da Recomendação n. 01/2020-12ª PJC do Ministério Público Estadual.

promovendo a legitimação dos registros do histórico pregresso do socioeducando e o acompanhamento da continuidade do processo de escolarização, como egressos do sistema socioeducativo; no Objetivo 3 — Implantar e implementar a política de cofinanciamento das Medidas socioeducativas, está na Meta 3.7, que trata da previsão expressa do asseguramento do financiamento para custeio de programas de acompanhamento de egressos do sistema socioeducativo;

b) Eixo 2: Qualificação do Atendimento Socioeducativo, no Objetivo 1 — Promover o alinhamento do sistema socioeducativo, conforme parâmetros do SINASE, as Metas 1.20 e 1.21 preveem, em suma, a garantia do atendimento de 100% dos egressos do Sistema de Privação de Liberdade que aderirem ao Programa de Acompanhamento de Egressos; no Objetivo 2 — Qualificar o atendimento do Sistema Socioeducativo do Rio Grande do Sul, as Metas 2.7 e 2.8 tratam, respectivamente, de determinar a construção e o fortalecimento de fluxos interinstitucionais da Rede de Ensino Estadual e Municipal para atender à população egressa e estabelecer uma interlocução com os entes estadual e municipal, bem como com a sociedade civil para que desenvolvam várias atividades que garantam o acesso de adolescentes e jovens adultos inseridos e egressos do Sistema Socioeducativo;

c) Eixo 3: Participação e Autonomia do Adolescente e Família; no Objetivo 1 de idêntica descrição, há a salvaguarda de direitos dos egressos, especificamente na Meta 3.4.

No Plano Decenal Socioeducativo do Estado de São Paulo, aprovado em 2014, já há também expressa garantia de Programa de Egressos:

a) Eixo: Gestão do Sistema Socioeducativo Estadual, no Objetivo — Articulação das Ações do Sistema Socioeducativo, na Meta 1.6 está preconizada a implantação de programa de apoio para 100% dos egressos do sistema socioeducativo;

b) Eixo: Implementação de Ações Intra e Intergovernamentais, especialmente na Meta 5.7 é tratado acerca da promoção da discussão com o Governo Federal para cofinanciamento das medidas de internação, semiliberdade e programas de apoio aos egressos do sistema socioeducativo.

4. A responsabilidade do Estado e a efetivação do sistema de proteção social na perspectiva de ressocialização

O primeiro passo para tratar da respectiva responsabilidade do Estado diante do sistema de proteção social na perspectiva de ressocialização do adolescente/jovem adulto que conflitou com a lei e está na condição de egresso do sistema socioeducativo, notadamente da medida de internação, é o reconhecimento da incompletude institucional do atendimento da política socioeducativa, que se caracteriza, assim, pela necessidade de articulação com todas as demais políticas setoriais que visem ao atendimento dos direitos fundamentais de todas as crianças e adolescentes, inclusive com a prioridade absoluta que a Constituição Federal de 1988 e as Leis Ordinárias afins determinam, especialmente o Estatuto da Criança e do Adolescente e a Lei n. 12.594/2012 — SINASE.

Deve existir uma articulação das políticas de saúde, educação, trabalho, dos serviços de assistência social e de proteção, enfim, todos articulados aos programas de medidas socioeducativas com vista à consagração da proteção integral dos adolescentes em conflito com a lei, submetidos ao sistema socioeducativo, lembrando ser este um sistema com caracterização de responsabilização e ao mesmo tempo de promoção e garantia de direitos; com pretensão de superação, garantia de cidadania e inclusão social.

Decorre, portanto de uma atuação pautada pela prioridade absoluta e com destinação privilegiada de recursos para a política socioeducativa e seus respectivos programas de atendimento e pela descentralização político-administrativa, com destaque ao correlato dever de responsabilidade financeira compartilhada por todos os Entes Federativos (União, Estados, Distrito Federal e Municípios).

Deve haver a organização e articulação de qualificação de atendimento em Rede que, por sua vez, irá abranger a proteção social necessária às situações de vulnerabilidades, em que se encontrem inseridas crianças e adolescentes, como os jovens insertos no sistema socioeducativo.

Nesse sentido, o projeto denominado Rede Unificada de Apoio em Maceió preconizava: "a Rede deveria fortalecer o espaço de atuação conjunta entre os órgãos gestores da política de atendimento, Conselhos de Direitos e Tutelares, tendo em vista tanto a formulação como a implementação de políticas". E "qualificação do Sistema de Garantia de Direitos" consistiria num processo de ação articulada na promoção, controle e defesa dos direitos de crianças e adolescentes e numa correspondente regulação social do Estado que garanta a efetivação das necessidades socioexistenciais, pautadas na proteção integral, com a consequente superação da falência de um modelo de proteção social calcado em políticas assistencialistas, paternalistas e repressivas, verticalizadas e com visão e intervenção fragmentadas que, durante anos, serviu somente a um grupo de interesses dominantes com vista à manutenção de posições hegemônicas e estratégicas de poder (Malta, 2009, p. 87).

E neste compasso, imprescindíveis um apoio e um acompanhamento interinstitucional, intersetorial e de caráter interdisciplinar, afinal restou como lição que o processo socioeducativo não finda com a execução da medida socioeducativa aplicada ao adolescente que violou o direito de *outrem*. Como também não finda, assim, o papel do poder público, que tem o dever de concretude dos direitos fundamentais dos cidadãos, muito menos a efetiva e imprescindível participação da sociedade e a responsabilidade da família.

Consequentemente há a necessidade de proteção social do jovem em conflito com a lei, do egresso e a sua família, que é seu ambiente de referência e precisa ser fortalecido para juntos atuarem no cenário de violação de direitos, pelo sistema de proteção social. Nessa perspectiva, Luciana Jaccoud (2009, p. 62) registra, no tocante aos desafios da proteção social no Brasil, que: "por meio do qual a sociedade proporcionaria a seus membros uma séria de medidas públicas contra as privações econômicas e sociais".

A Lei Orgânica de Assistência Social — LOAS (Lei n. 8.742/1993) regulamenta o reconhecimento constitucional da Assistência Social como política pública — dever do Estado e direito do cidadão que dela necessitar —, determinando a primazia da responsabilidade do Estado na gestão, financiamento e execução da respectiva política. É marcada pela descentralização político-administrativa, com administração correlata às esferas federativas, inclusive na gestão financeira, sendo também marcada pela participação direta e/ou representativa da população, através dos Conselhos de Assistência Social — em cada esfera de poder, nas conferências e em outros espaços democráticos e deliberativos.

Decerto o Plano Nacional de Atendimento Socioeducativo orienta o planejamento, a construção, a execução, o monitoramento e a avaliação dos Planos Estaduais, Distrital e Municipais Decenais do SINASE[8], e suas formulações e implementações são de competência das comissões intersetoriais, instituídas por decreto, as quais têm em suas composições representantes das políticas setoriais básicas, representantes de entidades da sociedade civil organizada e representantes do sistema de justiça local. Também devem contribuir na elaboração do Plano Plurianual — PPA, Lei de Diretrizes Orçamentárias — LDO e Lei Orçamentária Anual — LOA (Brasil, 2018, p. 143).

---

8. 2.1. *Implementar o SINASE garantindo os recursos financeiros em cofinanciamento para o funcionamento adequado dos programas socioeducativos,* com ênfase no direito à convivência familiar e comunitária, à proteção social, à inclusão educacional, cultural e profissional, com base na Lei 12.594/2012 (Deliberação da IX Conferência dos Direitos da Criança e do Adolescente 2012, eixo 2, proposição 21, grifos nossos).

2.2. *Assegurar o repasse dos recursos destinados à implementação das ações correspondentes ao SINASE em todos os Estados e Municípios,* sem prejuízo da exigência de contrapartidas, da destinação de recursos no orçamento dos órgãos públicos corresponsáveis pela sua execução (art. 8 da Lei n. 12.594/2012) e do desenvolvimento de mecanismos de controle de sua adequada utilização.

Existem, assim, os parâmetros definidos na Política Nacional de Atendimento Socioeducativo, em que está inserido o respectivo modelo de gestão com metas que abrangem o cofinanciamento com responsabilidades definidas e compartilhadas. Pondera-se, contudo, o porquê de, diante de todo o desenho do sistema que inclui a política de atendimento socioeducativo, não haver a respectiva efetividade[9].

Em 1990 foi analisada a política de atendimento "menores infratores" no estado de São Paulo: "O exame das instituições, políticas e programas dirigidos às crianças e adolescentes carentes, ao longo da última década, no estado de São Paulo, revela um quadro singular. Ali se conjugam, de modo exacerbado, todas aquelas características — fragmentação institucional, superposição de ações e de clientelas, pulverização de recursos, descontinuidade, ampliação da cobertura com queda no volume de recursos investidos —, já tão conhecidas e apontadas como a regra de ouro do modelo de política social, em particular daquela de cunho assistencial, consolidado no passado recente". "Tudo isto num contexto marcado por um problema crucial: a ausência de uma política integrada e coerente em relação às crianças e adolescentes em situação de risco; a ausência de um órgão normativo capaz de dar um mínimo de organicidade aos vários programas existentes" (Castro, 1990, p. 5).

Em 2012, o SINASE apontava para uma humanização no cumprimento das medidas, unificando entendimentos e práticas que eram bem distintas no Brasil e da atuação articulada entre família, sociedade e Estado, de tal maneira que se prenunciava: "a entrada em vigência da lei vai gerar dificuldade no começo, mas a perspectiva é que em curto espaço de tempo tenhamos um processo de execução de medida socioeducativa que não seja mais o de segregação, e sim aquele que

9. "Deste modo, o desafio posto para o Sistema de Garantia de Direitos diz respeito a duas questões importantes: primeiro, à necessidade permanente de articulação das políticas e serviços, para que sejam capazes de receber e atender bem este jovem; e diz respeito também à aparente contradição que a aplicação da medida socioeducativa apresenta" (MOYSÉS, Helena Carvalho Moysés; GAVIDIA, João Paulo de Carvalho, CEAF, 2015, p. 14).

contribua para que o adolescente possa se sentir responsável pelo ato praticado e rever sua conduta"[10].

5. Rede de proteção e desafios da interinstitucionalidade e intersetorialidade

Trata-se de um contexto multidimensional, que exige a articulação de políticas de enfrentamento, em que prevaleça a garantia de direitos, a ser materializada através de prestações sociais. Seriam prestações sociais afiançadas pela Assistência Social, que "se fundamenta na expansão de um padrão societário de civilidade que afiança um padrão básico de vida e respostas dignas a determinadas necessidades sociais" (Sposati, 2004, p. 43).

De acordo com a Resolução n. 109, de 11 de novembro de 2009, foi aprovada a Tipificação Nacional de Serviços Socioassistenciais, organizados por níveis de complexidade do SUAS: Proteção Social Básica e Proteção Social Especial, esta subdividida em Serviços de Proteção Social Especial de Média Complexidade e Serviços de Proteção Social Especial de Alta Complexidade.

A Proteção Social Básica visa prevenir situações de vulnerabilidades e riscos pessoais e sociais por violação de direitos, e utiliza como mecanismo de ação o Centro de Referência de Assistência Social — CRAS —, que é a unidade estatal responsável, e oferta o Serviço de Proteção e Atendimento Integral à Família — PAIF.

A Proteção Social Especial organiza serviços, programas e projetos de caráter especializado nas situações de violações de direitos. Tem como finalidade a promoção de recursos para superação e prevenção

10. Corresponsabilidade — O SINASE propõe a corresponsabilidade da família, comunidade e Estado. Traz ainda regras sobre a construção dos centros de internação e a qualificação dos profissionais para atender aos adolescentes. Reinaldo Cintra (CNJ- 2012).

do agravamento de situações de risco pessoal e social, pautados no fortalecimento e resgate de vínculos familiares e comunitários. A oferta dos serviços cabe aos Municípios e Distrito Federal e, nos casos específicos de oferta regionalizada de serviços, aos estados.

O Centro de Referência Especializado de Assistência Social — CREAS —, é a unidade pública responsável e oferta obrigatoriamente o Serviço de Proteção e Atendimento Especializado a Famílias e Indivíduos — PAEFI.

Os serviços de média complexidade oferecem atendimentos a famílias e indivíduos com seus direitos violados, mas cujos vínculos não foram rompidos; enquanto os de alta complexidade garantem a proteção integral para famílias e para indivíduos que se encontrem sem referência, ou que estão em situação de ameaça, necessitando serem retirados de seu núcleo familiar ou comunitário. Neste cenário, compreendidos os adolescentes inseridos e egressos do sistema socioeducativo.

Traçado está um caminho normativo e operativo com sinais de viabilidade para a consecução da proteção social a ser ofertada a esta demanda vulnerável, como jovem inserido ou egresso do sistema socioeducativo e sua família. Inclusão em programa de escolarização e profissionalização e atenção e promoção de sua família, como estratégias de enfrentamento de uma realidade marcada desde suas origens pela desigualdade, territorialização, segregação e exclusão sociais.

6. Considerações finais: a relevância do papel do CONANDA

Regulamentado pela Lei n. 8.242/91, o Conselho Nacional dos Direitos da Criança e do Adolescente (CONANDA), órgão deliberativo e controlador das ações das políticas de atendimento em nível federal (ECA, art. 88, II), foi decisivo para a construção de uma rede de atenção, com o acolhimento e a operacionalização de práticas que atendam à interinstitucionalidade e a intersetorialidade postas em articulação diante de um objetivo comum quanto à promoção e defesa dos direitos das crianças e adolescentes, em especial dos jovens inseridos no sistema socioeducativo, sendo esta uma meta incansável a ser perseguida pelos atores corresponsáveis pelo Sistema de Garantia de Direitos, como definidos na Resolução 113/2006 CONANDA.

A Resolução 119/2006 CONANDA, que aprovou o Sistema Socioeducativo — SINASE, o legitimou como política pública destinada à inclusão do adolescente em conflito com a lei, demandando, por sua vez, iniciativas dos diferentes campos das políticas públicas e sociais. A Lei que instituiu o SINASE foi sancionada seis anos depois (Lei 12.594, de 18 de janeiro de 2012), entrando em vigor em abril do mesmo ano.

O Sistema de Participação Popular que decorre da Constituição Federal de 1988 (art. 204, I e II) é dirigido à organização das ações na área da Assistência Social, baseadas nas diretrizes da descentralização político-administrativa e da participação da população, por meio de organizações representativas, na formulação das políticas e no controle das ações em todos os níveis, aplicadas à infância (CF, art. 227, § 7º; e, ECA, art. 88, II). Assim, observando-se o pacto federativo, à esfera federal cabe a coordenação e a formulação das normas gerais e aos estados e Municípios cabem a coordenação e a execução da política socioeducativa, por intermédio de ações descentralizadas e cofinanciadas nos três níveis de poder, e a articulação das políticas setoriais, especialmente, saúde, educação e assistência social.

Desta forma, através das Leis Federais n. 8.069/90 e n. 12.594/2012, há a consagração das diretrizes da política de atendimento à criança e ao adolescente, e, por meio desse Sistema Especial de Proteção, se busca a concretização da chamada interinstitucionalidade e intersetorialidade, como premissas imprescindíveis à efetividade da política de atendimento socioeducativo, com enfoque numa atuação em rede, em caráter de complementaridade.

Há, contudo, a desatenção à proteção social frente à definição de políticas públicas, bem como há a desatenção à problemática do egresso, que se encontra no outro lado do cenário de vulnerabilidades, sendo um indivíduo que retornará à sociedade sem ter, muitas vezes, a possiblidade de romper com o ciclo de violência em que está inserido e de superar sua condição de conflito com a lei.

Enfim, o jovem é destinatário de direitos e de políticas públicas, assim como seu núcleo familiar, antes mesmo de completar 12 anos e praticar um ato infracional; e continuará destinatário após o cumprimento da medida socioeducativa, em que o interregno da aplicação e execução da medida deveria ser encarado como um esforço concentrado de toda a rede de proteção e garantia de direitos, visando à promoção da dignidade para o jovem e seu núcleo familiar.

Referências

ALAGOAS. Secretaria de Prevenção à Violência. *Plano Estadual Decenal de Atendimento Socioeducativo (2016/2024)*. Disponível em: http://www.seprev.al.gov.br. Acesso em: 7 out. 2019.

ALAGOAS. Superintendência de Medidas Socioeducativas — SUMESE. Secretaria de Estado de Prevenção à Violência. *Projeto Político-Pedagógico*. Disponível em: http://www.seprev.al.gov.br. Acesso em: 7 set. 2019.

BRASIL. *Atlas da Violência 2018*. Coordenadores: Daniel Cerqueira, Renato Sergio de Lima, Samira Bueno, Cristina Neme, Helder Ferreira, Danilo Coelho, Paloma Palmieri Alves, Marina Pinheiro, Roberta Astolfi e David Marques. Estagiários: Milena Reis e Filipe Merian. IPEA e Fórum Brasileiro de Segurança Pública (FBSP). Rio de Janeiro> IPEA; Fórum Brasileiro de Segurança Pública (FBSP), jun. 2018a. Disponível em: http://www.ipea.gov.br/portal/images/stories/PDFs/relatorio_institucional/180604_atlas_da_violencia_2018.pdf. Acesso em: 7 out. 2019.

BRASIL. *Plano Nacional de Atendimento Socioeducativo:* diretrizes e eixos operativos para o SINASE. Brasília: Secretaria de Direitos Humanos da Presidência da República — SDH/PR, 2013.

BRASIL. *Violência contra crianças e adolescentes:* análise de cenários e propostas de políticas públicas. Elaboração: Marcia Teresinha Moreschi — documento eletrônico. Brasília: Ministério dos Direitos Humanos, 2018b.

CASTRO, Maria Helena Guimarães de. A política de atenção ao menor no estado de São Paulo: tendências e perspectivas. *Caderno de Pesquisa*, Campinas: Universidade Estadual de Campinas — UNICAMP, Núcleo de Estudos de Políticas Públicas — NEPP, n. 15, 1990. Disponível em: https://www.nepp.unicamp.br/biblioteca/periodicos/issue/view/97/CadPesqNepp15. Acesso em: 10 nov. 2019.

CAVALIERI FILHO, Sergio. Direito, justiça e sociedade. *Revista da EMERJ*, v. 5, n. 18, 2002, p. 58-65. Disponível em: http://www.emerj.tjrj.jus.br/revistaemerj_online/edicoes/revista18/revista18_58.pdf. Acesso em: 6 out. 2019.

CNJ. Conselho Nacional de Justiça. *SINASE entra em vigor em todo o país, 19 de abril de 2012*. Disponível em: https://www.cnj.jus.br/SINASE-entra-em-vigor-em-todo-o-pais/. Acesso em: 16 dez. 2019.

COMPARATO, Fábio Konder. *A civilização capitalista:* para compreender o mundo em que vivemos. 2. ed. rev. e aum. São Paulo: Saraiva, 2014.

CONANDA. *Resolução n. 113, de 19 de abril de 2006*. Dispõe sobre os parâmetros para institucionalização e fortalecimento do Sistema de Garantia de Direitos e dá outras providências. Disponível em: http://www.direitosdacrianca.gov.br. Acesso em: 29 jul. 2019.

CONANDA. *Resolução n. 119, de 11 de dezembro de 2006*. Dispõe sobre o Sistema Nacional de Atendimento Socioeducativo. Disponível em: http://www.direitosdacrianca.gov.br. Acesso em: 29 jul. 2019.

CRESS 9ª Região. Conselho Regional de Serviço Social do Estado de São Paulo. Serviço Social no Sistema Socioeducativo do Estado de São Paulo. Coordenadoras: Patrícia Ferreira da Silva, Francisca Rodrigues de Oliveira Pini. São Paulo: CRESS 9ª Região, out. 2016.

JACCOUD, Luciana. Proteção social no Brasil: debates e desafios. *In*: BRASIL; UNESCO. *Concepção e gestão da proteção social não contributiva no Brasil*. Brasília: Ministério do Desenvolvimento Social e Combate à Fome; UNESCO, 2009.

LIMA, Marilia Cerqueira. *A proteção integral e o egresso da medida socioeducativa de internação na perspectiva de reinserção social*. São Paulo: [*s.n.*], 2018.

MALTA, Cláudia Viana de Melo. *A (in)visibilidade de crianças e adolescentes:* o avesso da regulação social do Estado e os caminhos de resistência. Maceió: EDUFAL, 2009.

MONTORO, André Franco. *Introdução à ciência do Direito.* 33. ed. rev. e atual. São Paulo: Revista dos Tribunais, 2016.

MOYSÉS, Helena Carvalho Moysés; GAVIDIA, João Paulo de Carvalho. *Desafios da socioeducação:* responsabilização e integração social de adolescentes autores de atos infracionais. Belo Horizonte: CEAF, 2015.

RAMIDOFF, M. l. *SINASE — Sistema Nacional de Atendimento Socioeducativo.* Comentários à Lei n. 12.594 de 18 de janeiro de 2012. 2. ed. São Paulo: Saraiva, 2017.

RIO GRANDE DO SUL. *Plano Estadual de Atendimento Socioeducativo do RS:* diretrizes e eixos operativos para o SINASE. 2016. Disponível em: http://www.al.rs.gov.br/legis. Acesso em: 15 ago. 2019.

ROCHA, Estefeni Clementino da. *A gestão da parceria*: supervisão técnica em serviço socioassistencial contratado na cidade de São Paulo, 2018. Dissertação (Mestrado em Serviço Social). Orientadora Aldaíza Soposati. Programa de Pós-graduação em Serviço Social. Pontifícia Universidade Católica de São Paulo, São Paulo, 2018.

SÃO PAULO. *Plano Decenal de Atendimento Socioeducativo do Estado de São Paulo.* 2014. Disponível em: www.org.sp.br. Acesso em: 30 ago. 2019.

SPOSATI, Aldaíza de Oliveira. Especificidade e intersetorialidade da política de assistência social. *Serviço Social & Sociedade,* São Paulo: Cortez, n. 77, 2004.

SPOSATO, Karyna Batista; ANDRADE, Marisa Meneses de. Em busca de justiça ao jovem: a difícil articulação entre os poderes. *Rev. Direito GV,* São Paulo, v. 9, n. 2, p. 555-570, dez. 2013. Disponível em: http://www.scielo.br/scielo.php?script=sci_arttext&pid=S1808-24322013000200008&lng=en&nrm=iso. Acesso em: 17 dez. 2019. http://dx.doi.org/10.1590/S1808-24322013000200008.

UNICEF. *30 anos da Convenção sobre os Direitos da Criança*: avanços e desafios para meninas e meninos no Brasil. Coordenação editorial: Elisa Meirelles Reis *et al.* São Paulo: UNICEF, 2019.

CAPÍTULO 5

Medidas de proteção e o direito à convivência familiar e comunitária

Dayse Cesar Franco Bernardi

1. O direito à convivência familiar e comunitária

A Constituição Federal do Brasil (CF, 1988) e o Estatuto da Criança e do Adolescente (ECA, 1990) adotaram o paradigma da Proteção Integral, base da Convenção dos Direitos da Criança[1] (ONU, 1989) como fonte garantidora da preservação da dignidade humana para

1. A Convenção Internacional dos Direitos da Criança define como criança todas as pessoas de 0 a 18 anos de idade. No Brasil, define-se criança a faixa etária de 0 a 12 anos incompletos e adolescentes de 12 a 18 anos de idade.

crianças e adolescentes, baseando-se em dois fundamentos: a condição peculiar de pessoa em desenvolvimento e a afirmação de que a criança e o adolescente são sujeitos de direito.

O direito à convivência familiar e comunitária destaca-se dentre os direitos fundamentais como aquele que afirma o direito inalienável da criança e do adolescente ser cuidado e protegido no seio de uma família, definida pela Constituição Federal como um "lugar essencial para a infância e a adolescência enquanto etapas do ciclo vital, caracterizadas por mudanças biológicas, psicoafetivas, cognitivas e sociais que necessitam de proteção prioritária por parte da família, do Estado e da sociedade" (Brasil, 2006, p. 28). As etapas do ciclo vital são definidas no convívio familiar e na vivência comunitária, cuja qualidade e estabilidade propiciam ou não as condições favoráveis à socialização e ao desenvolvimento integral dos indivíduos. O desenvolvimento da criança e do adolescente está fundamentado em relações contínuas de afeto, proteção e cuidado que lhes permitam estabelecer vínculos afetivos, experimentar emoções e alcançar autonomia na construção recíproca de sua subjetividade. Os vínculos familiares ditam o suporte necessário ao enfrentamento dos diversos desafios deste período peculiar de desenvolvimento e fazem a mediação para a convivência com o mundo social, como forma de pertencimento. É em torno dessa concepção que a convivência familiar e comunitária passa a ser reconhecida como um direito fundamental no ECA, que estabeleceu no artigo 19 que "toda criança ou adolescente tem direito de ser criado e educado no seio de sua família de origem e, excepcionalmente, em família substituta, assegurada a convivência familiar e comunitária".

A partir dessas premissas, foi elaborado em um processo de ampla participação democrática o Plano Nacional de Promoção, Proteção e Defesa do Direito de Crianças e Adolescentes à Convivência Familiar e Comunitária (PNCFC, 2006), aprovado pelo Conselho Nacional dos Direitos da Criança e do Adolescente (CONANDA) e pelo Conselho Nacional de Assistência Social (CNAS) em 2006. Ele constitui um marco nas políticas públicas brasileiras, ao propor uma mudança da cultura da institucionalização de crianças e adolescentes e da discriminação das famílias vulnerabilizadas, que predominou no

Brasil até a promulgação do ECA em 1990. O plano focaliza a importância da mobilização de Estado e sociedade para que as crianças e os adolescentes sejam vistos de forma indissociável de seu contexto familiar e comunitário, e define como premissa o compromisso com uma mudança cultural que atinge as relações familiares, as relações comunitárias e as relações do Estado com a sociedade.

O PNCFC definiu objetivos, ações e metas para as esferas federal, estadual e municipal no período de 2006 a 2016, com vista à formulação e implementação de políticas públicas que assegurem os direitos das crianças e adolescentes a viverem em família, de forma integrada e articulada com os demais programas de governo (Brasil, 2006, p. 17). Em 2019 teve início um processo de retomada dos objetivos e metas do PNCFC por iniciativa do Movimento Nacional Pró-Convivência Familiar e Comunitária[2] (MNPCFC), tendo por mote a priorização nacional do direito à convivência familiar e comunitária em resposta às inúmeras iniciativas legislativas de tornar a adoção uma política pública, em nome da desinstitucionalização de crianças e adolescentes acolhidos, ditos abandonados e invisíveis[3]. Na mesma direção, a Secretaria Nacional de Assistência Social do Ministério da Cidadania iniciou um processo de avaliação quanti e qualitativa do PNCFC, visando à sua atualização e, em parceria com o MNPCFC e o apoio das Aldeias Infantis SOS Brasil, passou a realizar oficinas de avaliação do plano nas regiões do país.

A atualização do PNCFC aos 30 anos do ECA recoloca no centro dos debates nacionais o paradigma da proteção integral e da preservação dos vínculos familiares e comunitários por ele preconizados — razão pela qual o presente texto se propõe a rever as dimensões

2. O Movimento Nacional Pró-Convivência Familiar e Comunitária (MNPCFC) é uma articulação nacional de Organizações da Sociedade Civil (OSC) atuantes na temática da Convivência Familiar e Comunitária, tendo como missão fortalecer as incidências técnicas e políticas das OSCs, no campo de Direitos Humanos de Crianças e Adolescentes, com foco na Convivência Familiar e Comunitária. Ele integra a coordenação colegiada do Movimento pela Proteção Integral de Crianças e Adolescentes.

3. A tese da invisibilidade das crianças e adolescentes acolhidos foi desenvolvida e utilizada pelo IBDFAM nos fundamentos do PLS n. 394, de 2017 — Estatuto da Adoção.

pelas quais o PNCFC organiza suas estratégias, objetivos e diretrizes: (1) prevenção ao rompimento dos vínculos familiares, focando a importância das políticas de apoio à família; (2) reordenamento dos serviços de acolhimento institucional e a implementação das famílias acolhedoras, com investimento para o retorno ao convívio com a família de origem; (3) adoção mediante procedimentos legais que garantam a defesa do superior interesse da criança e do adolescente.

2. A centralidade na família e as políticas de apoio sociofamiliar

O PNCFC parte da definição legal de "família", mas considera sua diversidade sociocultural e os diversos arranjos possíveis a partir da relação recíproca de influências e trocas que estabelece com o contexto político, econômico, cultural e social na qual está inserida. Em um esforço para desnaturalização do conceito de família e de desmistificação de uma estrutura que se colocaria como ideal, o PNCFC afirma que "as funções de proteção e socialização podem ser exercidas nos mais diversos arranjos familiares e contextos socioculturais" (Brasil, 2006, p. 31). Destaca, também, que além da relação parentalidade/filiação, há diversas outras relações de parentesco que compõem a *"família extensa"*, ou seja, aquela que se estende para além da unidade pais/filhos e/ou da unidade do casal, como irmãos, meios-irmãos, avós, tios e primos de diversos graus (Brasil, 2006, p. 27) que têm especial relevância na proteção das crianças e adolescentes. Diferencia a família como *"rede de vínculos"* e como *"domicílio"*, pois há vínculos que definem obrigações legais entre pessoas que não moram no mesmo domicílio e que são reconhecidas e se reconhecem como "família", como no caso de crianças e adolescentes que não residem com pelo menos um de seus pais. O PNCFC (Brasil, 2006, p. 27) ainda pondera a importância de considerarmos as *"redes sociais de apoio"*, formadas pelas relações de proximidade e afeto com pessoas da comunidade, para dar conta da sobrevivência, do cuidado e da socialização de crianças e adolescentes no cotidiano. E conceitua a *convivência comunitária*, que, nesse contexto, significa o reconhecimento da importância das redes sociais de apoio, dos vínculos comunitários e das instituições, pois as mesmas "[...] podem favorecer a preservação e fortalecimento dos vínculos familiares, bem como a proteção e o cuidado à criança e ao adolescente" (Brasil, 2006, p. 34). Assim como podem expor as famílias a tensões extremas, capazes de fragilizar seus vínculos e sua possibilidade de proteger e cuidar dos filhos, tornando-as mais vulneráveis quando em contextos comunitários violentos.

Conclui-se que estas diversas e múltiplas famílias se utilizam de diferentes maneiras de exercer o cuidado e a proteção dos filhos, dependendo de suas condições concretas e simbólicas de vida e dos sentidos que essas práticas obtêm em suas trajetórias pessoais e geracionais. Assim é possível considerar que o processo de desenvolvimento da criança e do adolescente é afetado pelas condições oferecidas pelo ambiente familiar e social em que vive. Também que, por sua vez, esse ambiente familiar e comunitário se desenha e depende das condições de acesso, material e simbólico, aos direitos universais de cidadania. Pois as condições de vida, tais como pobreza, desemprego, exposição à violência urbana, situações não assistidas de dependência química ou de transtorno mental, violência de gênero e outras, embora não possam ser tomadas como causas de violência contra a criança e o adolescente, podem contribuir para a sua emergência no seio das relações familiares (Brasil, 2006, p. 37). É, portanto, preciso considerar a dimensão política dos vínculos familiares e comunitários, na medida em que tanto a construção quanto o fortalecimento dos mesmos dependem, dentre outros fatores, de investimento do Estado em políticas públicas voltadas à família, à comunidade e ao espaço coletivo — habitação, saúde, trabalho, segurança, educação, assistência social, desenvolvimento urbano, combate à violência, ao abuso e à exploração de crianças e adolescentes, distribuição de renda, meio ambiente, esporte e cultura, e diminuição da desigualdade social (Vicente, 2004, *apud* Brasil, 2006, p. 35).

Nesta perspectiva, o PNCFC destaca o papel das medidas protetivas previstas no ECA (arts. 101 e 129) e dos *programas de auxílio e proteção à família* como importantes recursos para a superação das dificuldades vivenciadas pela família e a restauração de direitos ameaçados ou violados, sem a necessidade de afastar a criança ou o adolescente de seu núcleo familiar (Brasil, 2006, p. 39). Reafirma-se, assim, que os pilares para uma política de convivência familiar e comunitária estão centrados na responsabilidade do Estado para a proteção integral de crianças e adolescentes a partir da "Centralidade da família nas políticas públicas" e da "Primazia da responsabilidade do Estado no fomento de políticas públicas integradas de apoio à família" com a consolidação de políticas universais e de qualidade, e pela integração entre o Sistema Único de Assistência Social (SUAS), o Sistema Único de Saúde (SUS), o Sistema de Garantia de Direitos (SGD) e o Sistema de Educação (Brasil, 2006, p. 39).

As *medidas de proteção pertinentes aos pais ou responsáveis*, definidas pelo ECA (arts. 129 e 130), são escalonadas desde sua inclusão em programa comunitário ou oficial de auxílio (apoio econômico, orientação e acesso a políticas setoriais públicas) até a suspensão ou destituição do poder familiar[4], salientando que "a falta ou carência de recursos materiais não constitui motivo suficiente para a perda ou suspensão do poder familiar" e "não existindo outro motivo que por si só autorize a decretação da medida, a criança ou o adolescente será mantido em sua família de origem, a qual deverá obrigatoriamente ser incluída em programas oficiais de auxílio".

Contudo, a centralidade na família, como mecanismo de proteção social e de resolutividade das problemáticas apresentadas, se dá em um contexto em que as políticas sociais têm um caráter temporal e subsidiário e, portanto, insuficiente para mudar questões estruturais que se mantêm e se agravam no aprofundamento das diferenças sociais (Silva, 2010, p. 61). Nessas situações, corre-se o risco de a família

4. ECA, 1990, Art. 24. A perda e a suspensão do poder familiar serão decretadas judicialmente, em procedimento contraditório, nos casos previstos na legislação civil, bem como na hipótese de *descumprimento injustificado* dos deveres e obrigações a que alude o art. 22. (Grifos meus.)

passar a ser avaliada no exercício do cuidado e proteção, e responsabilizada quando não executa a contento a responsabilidade que lhe é atribuída, colocando em risco a própria manutenção do poder familiar. As marcas das desigualdades transversais de geração, gênero, raça e etnia, somadas às de classe sobretudo, pela pobreza multidimensional[5] e a pobreza extrema[6], demarcam problemas estruturais do país, reforçadas pelo modelo econômico neoliberal. Segundo dados da Síntese de Indicadores Sociais (SIS) divulgada pelo IBGE em novembro de 2019, o país tinha, em 2018, 13,5 milhões de pessoas em condição de extrema pobreza. A pobreza atinge sobretudo a população preta ou parda, que representa 72,7% dos pobres, em números absolutos 38,1 milhões de pessoas. E as mulheres pretas ou pardas compõem o maior contingente, 27,2 milhões de pessoas abaixo da linha da pobreza (IBGE, 2019). É sobre essa base estruturada que ainda se inscrevem os motivos alegados judicialmente para proceder o afastamento de crianças e adolescentes de suas famílias e comunidades, e aplicar medidas protetivas que avançam cada vez mais rapidamente, do acolhimento em serviços institucionais ou familiares do Estado à adoção por outras famílias, em nome de seu melhor interesse.

3. Medidas de proteção: o acolhimento de crianças e adolescentes em instituições e famílias acolhedoras

Cabe ao Estado e à sociedade reconhecerem a ameaça ou violação dos direitos de crianças e adolescentes reconhecidos em lei, e intervir para assegurar ou restaurar tais direitos. Eles podem ser ameaçados

5. A pobreza multidimensional, diferentemente da pobreza calculada pela renda, usa como indicadores a saúde, a educação e o padrão de vida da população. Aqueles que sofrem privações em pelo menos um desses três indicadores se enquadram na categoria de multidimensionalmente pobre.

6. Pela linha definida pelo Banco Mundial, seguida pelo IBGE, são considerados em pobreza extrema aqueles que vivem com até 1,90 dólar por dia (o equivalente a 145 reais por mês).

ou violados seja por ação ou omissão da sociedade ou do Estado, por falta, omissão ou abuso dos pais ou responsável, ou por sua própria conduta. O ECA prevê medidas de proteção dirigidas à criança ou ao adolescente e medidas pertinentes aos pais ou responsáveis, todas regidas por princípios especificados na garantia da proteção integral, visando restabelecer o direito violado e promover a reinserção familiar no tempo máximo de 18 meses. As medidas de proteção aplicáveis à criança e ao adolescente (ECA, art. 101) estão organizadas a partir de princípios que priorizam suas necessidades pedagógicas, dando preferência àquelas medidas que fortaleçam os vínculos familiares e comunitários (ECA, art. 100).

A aplicação das medidas protetivas administrativas, voltadas para apoiar os pais e responsáveis, são de responsabilidade do Conselho Tutelar que, como zelador dos direitos das crianças e adolescentes no território, precisa articular as políticas intersetoriais públicas para as ações necessárias ao seu cumprimento. Destaca-se que a aplicação dessas medidas protetivas anteriores ao acolhimento institucional depende de ações promotoras de acesso aos direitos básicos e aos programas e projetos de apoio familiar existentes e em funcionamento nos municípios.

Quando identificada a necessidade de afastamento da criança ou adolescente de sua família de origem, o Estado tem a obrigação de oferecer serviços alternativos de cuidado que garantam condições favoráveis ao seu pleno desenvolvimento e estimulem a convivência familiar e comunitária, visando, sempre que possível, ao retorno seguro à família de origem (Brasil, 2006, p. 40). Desse modo, os serviços de acolhimento oferecidos em instituições (abrigos institucionais e casas-lares) ou em famílias acolhedoras são orientados por princípios e diretrizes fixados pelo ECA (art. 92), regulamentados por Orientações Técnicas e tipificados no Sistema Único de Assistência Social (SUAS) como serviços socioassistenciais de alta complexidade. Eles executam as medidas protetivas de acolhimento que, por serem alternativas ao cuidado familiar, são claramente definidas pela legislação como "excepcionais e provisórias, utilizáveis como forma de transição para reintegração familiar ou, não sendo esta possível, para colocação em família substituta, não implicando privação de liberdade"[7]. Elas são indicadas, exclusivamente, para situações específicas de grave risco à integridade física e/ou psíquica da criança ou adolescente, e em que o seu afastamento do contexto familiar represente o melhor interesse ou o menor prejuízo ao seu desenvolvimento (2009, p. 23). O afastamento da criança ou adolescente do convívio familiar é de competência exclusiva da autoridade judiciária em procedimento judicial contencioso, no qual se garanta aos pais ou ao responsável legal o exercício do contraditório e da ampla defesa. O Conselho Tutelar está legalmente autorizado a aplicar a medida protetiva de acolhimento "quando constatada a falta dos pais[8] ou em situações extremas e emergenciais"; o chamado "flagrante de vitimização"[9] para proteção de vítimas de violência ou abuso sexual (DIGIÁCOMO, s/d, p. 2), comunicando em 24 horas à autoridade judiciária (ECA, art. 93). Assim, cabe à Justiça da Infância e Juventude proceder à decisão pelo afastamento da família de origem a partir de um *estudo diagnóstico prévio* (2009, p. 29, grifos meus) que ofereça elementos para que essa decisão esteja fundamentada no melhor interesse da criança e do adolescente. Entretanto, observa-se a tendência de a decisão judicial ser tomada sem a realização de estudos de caso anteriores ao acolhimento. E, ainda, se basear tão somente nas indicações realizadas pelos informes do Conselho Tutelar, homologando a decisão de acolhimento e, com isso, legitimando a intervenção realizada por ele nas famílias. A indefinição de qual a equipe responsável pela elaboração desse estudo de caso anterior à decisão judicial (equipe interdisciplinar da Justiça da Infância e Juventude, do CREAS ou outra) e a escassez de equipes técnicas disponíveis podem motivar a sua não realização e, por conseguinte, a não avaliação dos condicionantes sociais, e a busca de soluções de apoio à família de origem, principalmente, a

---

7. ECA, art. 101, § 1º.

8. ECA, art. 98, inciso II, primeira parte.

9. Digiácomo (s/d): "no que for constatada que a criança ou adolescente, no momento da intervenção, está sendo vítima de abuso ou violência por parte de seus pais ou responsável e é necessário 'resgatá-la' de tal situação, sob pena de graves consequências para sua vida ou saúde".

busca da família extensa e ampliada, antes de se optar pela medida de acolhimento. Observa-se que é de praxe primeiro acolher a criança ou adolescente para depois se avaliar a pertinência da medida, com base no estudo do caso pós-acolhimento, realizado pela equipe técnica do serviço. Tal prática mantém a cultura da institucionalização viva, embora permeada pela exigência de brevidade.

É com base nesse Estudo Diagnóstico Pós-Acolhimento que o serviço organiza o primeiro Plano Individual de Atendimento (ECA, art. 101, § 5º) no qual constem objetivos, estratégias e ações a serem desenvolvidos, visando à superação dos motivos que levaram ao afastamento do convívio e ao atendimento das necessidades específicas da criança ou adolescente acolhido e de sua família. O plano deverá ser revisto e homologado pela Justiça da Infância e Juventude em audiência concentrada (CNJ, 2013), realizada a cada três meses para se decidir o rumo das ações: retorno seguro à família de origem ou a inserção em família adotiva. Nessa perspectiva, o tempo e a qualidade da permanência da criança ou adolescente no serviço de acolhimento passam a ser monitorados pelo Sistema de Justiça. Observa-se, ainda, que o acolhimento de crianças e adolescentes em instituições ou famílias acolhedoras permanece sendo a medida protetiva imediatamente usada em situações de suposta violação de direitos e a mais frequentemente utilizada pelos Conselhos Tutelares e pelas Varas da Infância e Juventude, inclusive pela falta de oferta de outros serviços alternativos de cuidado, que não impliquem a separação da família, tais como o Acolhimento Conjunto mãe-criança e a Guarda subsidiada para família extensa.

Assim, para um dimensionamento do acolhimento de crianças e adolescentes, apresentam-se alguns dados registrados pelo Censo SUAS em 2018 (Brasil, 2018). Considerando o total de *31.524 crianças e adolescentes acolhidos no ano de 2018*, observa-se que a maioria 30.216 (95,6%) estava acolhida nas 2.849 Unidades institucionais de acolhimento, distribuídas em 1.650 municípios brasileiros, e apenas 1.308 (4,3%) estavam acolhidos nos *332* Serviços de Família Acolhedora localizados em 315 municípios. Considerando-se os *acolhimentos por faixas etárias* nos serviços institucionais, observa-se que adolescentes (12 a 18 anos incompletos) são a maioria, 13.288 (43,9%); seguidos de crianças (6 a 11 anos), 8.516 (28,18%), e por crianças na primeira infância (0 a 5 anos), 8.128 (26,8%). Nas famílias acolhedoras, observa-se a tendência inversa com a maioria de acolhidos na primeira infância (0 a 5 anos), 527 (38,3%), seguidos pelos adolescentes, 469 (34%); e depois as crianças de 6 a 11 anos, 381 (27,6%). Quanto aos *jovens acima de 18 anos*, havia 844 que permaneceram nos abrigos institucionais e 235 nas *33 Repúblicas* para jovens egressos do acolhimento[10]. Desse modo, a maioria dos acolhidos em 2018 é de adolescentes de 12 a 18 anos (13.757). Demarca-se aqui um ponto para reflexão: embora o PNCFC oriente a preparação gradativa para o processo de desligamento do serviço, com o desenvolvimento da autonomia e inclusão dos adolescentes em programas de qualificação profissional e de preparação para a entrada no mundo do trabalho, não se observa que isso se efetive para todos. Destaca-se, ao contrário, que muitos dos adolescentes que completam a maioridade nos serviços de acolhimento deixam o sistema protetivo sem ter alcançado autonomia e sem ter acesso garantido à habitação, ao emprego, à educação superior e a vínculos de pertencimento familiar e comunitário, necessitando de apoio e acompanhamento que não lhes são oferecidos pelo sistema de proteção atual.

4. Principais motivos de acolhimento de crianças e adolescentes

Para situar os *motivos de acolhimento*[11], tomamos por base alguns dados do último levantamento de âmbito nacional realizado em 2010 pela FIOCRUZ, para o então Ministério de Desenvolvimento Social (MDS,

10. Serviço de acolhimento que oferece apoio e moradia subsidiada a grupos de jovens em processo de desligamento de instituições de acolhimento que se encontram sem família e sem meios de sustentação (Orientações Técnicas, 2009, p. 94).

11. Os dados estatísticos do Censo SUAS e do Conselho Nacional de Justiça (CNA) não indicam os motivos de acolhimento.

2010), e do Relatório da Infância e Juventude realizado pelo Ministério Público em 2013 (CNMP, 2013). Segundo os dois levantamentos, a *negligência* foi a razão primeira para o afastamento dos filhos das famílias ditas negligentes. No levantamento nacional de 2010, entre os motivos de acolhimento das 32.621 crianças e adolescentes, *37,6%* o foram por *negligência* e *21,4%* pelas outras *formas de violência doméstica* (física, sexual e psicológica) somadas entre si, seguidas do abandono *(19%).*

No levantamento do Conselho Nacional do Ministério Público, a inspeção realizada nas entidades que executavam programas de atendimento institucional ou familiar revelou que a *negligência* por parte de pais ou responsáveis foi a principal razão para o acolhimento *(84%)* de crianças e adolescentes. A segunda razão mais comum foi a dependência de drogas ou álcool por parte dos pais ou responsáveis (81%), seguida de abandono (76%), violência física doméstica (62%), violência sexual (47%), vivência de rua (39%), transtorno mental (37%), ausência por prisão (32%).

É importante lembrar que, na grande maioria dos casos, as razões que demandam o encaminhamento para um serviço de acolhimento não ocorrem de maneira isolada. Os motivos de acolhimento são múltiplos e inter-relacionados, exigindo uma abordagem ampla e intersetorial que dê conta de promover as famílias para o cuidado com seus filhos e de proteger as crianças e adolescentes sempre que suas famílias se encontram fragilizadas. Assim, cabe perguntar o que está por trás do motivo principal de acolhimento por *negligência* da família ou dos responsáveis e quais os critérios utilizados para defini-la. Embora seja preciso reconhecer que existem situações graves de negligências pela família, que podem colocar em risco a vida dos filhos, há muitas questões do cenário nacional e no contexto familiar que permeiam o tema e reforçam a necessidade de uma reflexão crítica diante da atribuição de uma família como negligente ou negligenciada (Mata, Silveira e Deslandes, 2017, p. 2882). Não se trata, na maioria dos casos, de uma ação intencional da família em não cuidar, tendo condições objetivas de fazê-lo, mas de parâmetros de cuidado ancorados na realidade concreta de pauperismo e em referências culturais próprias ao território onde vive, por vezes, distintamente das famílias medianas. Nessa direção, alguns estudos (Mata, Silveira e Deslandes, 2017; Nascimento, 2012 e 2015) introduzem a perspectiva que vincula a negligência parental à negligência estatal, ao considerar a carência de políticas públicas e a forma seletiva e punitiva com que se dá a intervenção estatal nas situações nomeadas de negligência nas famílias das camadas populares. Eles também chamam a atenção para o papel coercitivo que o Estado pode exercer sobre as famílias e suas crianças, além da culpabilização direcionada somente aos pais, como uma maneira de criminalizar a pobreza (Nascimento, 2012, p. 43). É neste contexto de falta de políticas preventivas e de recursos para manutenção dos filhos em suas famílias que se elege a adoção como medida privilegiada de proteção, em especial para as crianças pequenas, de acordo com o perfil desejado pelos adotantes.

5. Adoção em casos de impossibilidade de reinserção familiar e centrada no interesse da criança ou como política pública para "salvação" dos pobres?

O ECA estabelece que na hipótese de afastamento definitivo da família, após terem-se esgotado todos os meios para permanência e tendo por base o melhor interesse da criança, seja efetivada a colocação em família substituta em definitivo por meio da adoção ou, provisoriamente, via tutela ou guarda (artigos 28 a 52). A adoção é definida como medida de proteção excepcional e irrevogável, aplicável para casos específicos e centrada no superior interesse da criança e do adolescente. Ela é uma medida legal recomendada nos casos em que os pais sejam desconhecidos, que tenham sido destituídos do poder familiar, ou ainda que tenham consentido na adoção. Portanto, todo processo de adoção pressupõe a destituição do poder familiar por um lado e a preparação para entrada em uma nova família, devidamente habilitada, por outro. Preparação essa dos adotantes-pais e da criança ou adolescente a ser adotado — garantindo-lhe participar e opinar sobre tal alternativa (Bernardi, 2014, p. 227).

A inclusão de crianças e adolescentes em famílias que delas possam cuidar implica famílias que estejam cuidadas e fortalecidas, portanto, incluídas integralmente na nova cultura da adoção que pressupõe um encontro entre necessidades, desejos e satisfações mútuas entre adotandos e adotantes (Brasil, 2006, p. 44). Contudo, há uma distância considerável entre as disposições legais e as práticas sociais na realidade brasileira. Segundo dados do Cadastro Nacional de Crianças e Adolescentes Acolhidos (CNCA/CNJ) consultados em dezembro de 2019, há no Brasil 47.369 crianças e adolescentes afastados dos cuidados parentais e sob proteção de 4.616 serviços de acolhimento[12]. Entre os acolhidos, apenas *9.496 (20%) estão aptos à adoção.* Consulta ao Cadastro Nacional de Adoção (CNA/CNJ) mostra o perfil das crianças e adolescentes aptas à adoção: 53,09% são meninos e 46,91% meninas; 42,35% são adolescentes (12 a 18 anos), 29,21% estão entre 6 e 11 anos e 28,45% estão na primeira infância (0 a 5 anos); 66,35% são pretos; 33,18% brancos; e 0,89% amarelos e indígenas; 25,9% têm problemas de saúde e 54,19% possuem irmãos.

Na lista de espera do Cadastro Nacional de Adoção (CNA/CNJ) *há 46.092 pretendentes de vários perfis:* casais héteros, homoafetivos e pessoas solteiras, de diferentes raças. Os pretendentes têm um perfil da criança que desejam adotar: 14,55% só adotam crianças brancas; 58% aceitam apenas crianças até 4 anos de idade; 61,92% não aceitam adotar irmãos; e 61% só aceitam crianças sem nenhuma doença. Observa-se, assim, grande disparidade entre o número de crianças e adolescentes acolhidos e disponíveis para adoção (9.496) e o número de pretendentes (46.092), e uma pirâmide invertida entre o perfil das crianças e adolescentes disponíveis para adoção e o perfil desejado pelos pretendentes

A conta que não fecha tem motivado iniciativas legislativas para promover a adoção, facilitando a destituição do poder familiar

12. Os dados do CNCA não são compatíveis com os do Censo SUAS.

daquelas famílias vulnerabilizadas para as quais se atribui uma incapacidade protetiva. Opta-se pela *adoção como política pública*, isto é, como medida privilegiada de proteção sob a tese de que todas as crianças e adolescentes invisibilizados nos serviços de acolhimento merecem ser salvos por novas famílias — as adotivas.

Verifica-se que, nesse contexto de desinstitucionalização e de retração do Estado, a adoção aparece como alternativa que promove direitos humanos e não representa custos (Silva, 2010, p. 81). Portanto, destituir o poder familiar e facilitar a adoção passam ser as saídas mágicas para retirar crianças da situação de acolhimento, promovendo uma suposta justiça social às avessas, por oferecer a algumas crianças acolhidas em instituições, ou em famílias acolhedoras, a possibilidade de mudança de classe social pela adoção: as meninas pequenas, brancas e saudáveis desejadas pelos pretendentes nacionais. Para os que fogem deste perfil e que compõem a maioria dos acolhidos, que são meninos mais velhos, pretos, portadores de deficiências e pertencentes a um grupo de irmãos, resta a permanência nos serviços de acolhimento até a maioridade.

6. Considerações finais

A proposta de avaliação e atualização do Plano Nacional de Promoção, Proteção e Defesa do Direito de Crianças e Adolescentes à Convivência Familiar e Comunitária (PNCFC, 2006), e a campanha "Proteger é Garantir Direitos", do Movimento pela Proteção Integral de Crianças e Adolescentes aos 30 anos do ECA, recolocam no centro dos debates o paradigma da proteção integral e, nele, a priorização do direito à convivência familiar e comunitária da infância e da adolescência como períodos de desenvolvimento humano merecedores de especial proteção da família, da sociedade e do Estado.

Embora tenha havido mudanças significativas na definição de fluxos e parâmetros para a aplicação de medidas de proteção pelo

Conselho Tutelar e Poder Judiciário, o acolhimento de crianças e adolescentes com direitos violados, em serviços institucionais, ainda ocorre como a primeira resposta dentre o rol das medidas protetivas do ECA. Ela tem sido definida sem estudos prévios e por motivos relacionados às desigualdades sociais transversais, que reafirmam a judicialização e criminalização das famílias vulnerabilizadas, sem o devido acesso às políticas setoriais públicas e a programas de auxílio e proteção sociofamiliar eficazes.

No atual cenário de minimização do Estado, com drástica redução de investimento nas políticas sociais públicas de Saúde, Educação, Habitação e Assistência Social, entre outros, há um evidente retrocesso nas ações para a garantia dos direitos humanos da infância e da adolescência. Neste cenário, a adoção como política pública é uma forma mais econômica de administrar os reflexos da pobreza, em detrimento dos esforços e do investimento necessários para garantir o direito à convivência familiar e comunitária, prioritariamente com a família de origem.

Referências

ASSIS, Simone Gonçalves de; FARIAS, Luís Otávio Pires. *Levantamento nacional das crianças e adolescentes em serviço de acolhimento*. São Paulo: Hucitec, 2013. Disponível em: http://aplicacoes.mds.gov.br/sagi/dicivip_datain/ckfinder/userfiles/files/LIVRO_Levantamento%20Nacional_Final.pdf. Acesso em: 10 dez. 2019.

BERNARDI, Dayse C. F. Escuta de crianças e adolescentes acolhidos. O que é para eles a adoção? *In*: LADVOCAT, Cynthia; DIUANA, Solange. *Guia de adoção:* no jurídico, no social, no psicológico e na família. São Paulo: Roca, 2014, p. 201-230.

BRASIL. CONSTITUIÇÃO DA REPÚBLICA FEDERATIVA DO BRASIL DE 1988. Brasília-DF, 1988. Disponível em: http://www.planalto.gov.br/ccivil_03/constituicao/constituicao.htm. Acesso em: 25 jun. 2020.

BRASIL. Lei n. 8.069, de 13 de julho de 1990. Dispõe sobre o Estatuto da Criança e do Adolescente e dá outras providências. *Diário Oficial da União*, Brasília, 16 jul. 1990.

BRASIL. DECRETO No 99.710, DE 21 DE NOVEMBRO DE 1990. Promulga a Convenção sobre os Direitos da Criança. Brasília/DF, nov.1990. Disponível em: http://www.planalto.gov.br/ccivil_03/decreto/1990-1994/d99710.htm. Acesso em: 25 jun. 2020.

BRASIL. Ministério do Desenvolvimento Social e Combate à Fome. Secretaria Nacional de Assistência Social. *Norma Operacional Básica — NOB/SUAS*. Brasília, 2005.

BRASIL. Ministério do Desenvolvimento Social e Combate à Fome. *Plano Nacional de Promoção, Proteção e Defesa do Direito de Crianças e Adolescentes à Convivência Familiar e Comunitária*. Brasília: Conanda; CNAS, 2006.

BRASIL. Ministério do Desenvolvimento Social e Combate à Fome. *Orientações técnicas*: serviços de acolhimento para crianças e adolescentes. Brasília, jun. 2009.

BRASIL. Resolução n. 1, de 18 de junho de 2009. CONANDA e CNAS. Aprova as Orientações Técnicas: serviços de acolhimento para crianças e adolescentes. Brasília: Conselho Nacional dos Direitos da Criança e do Adolescente: Conselho Nacional de Assistência Social, 2009.

BRASIL. Lei n. 13.509/2017, de 22 de novembro de 2017. Dispõe sobre adoção e altera a Lei n. 8.069, de 13 de julho de 1990 (Estatuto da Criança e do Adolescente), a Consolidação das Leis do Trabalho (CLT), aprovada pelo Decreto-lei n. 5.452, de 1° de maio de 1943, e a Lei n. 10.406, de 10 de janeiro de 2002 (Código Civil).

BRASIL. *Censo SUAS 2018*. Resultados Nacionais, Unidades de Acolhimento. Brasília: Coordenação-Geral de Planejamento e Vigilância Socioassistencial; Secretaria Especial de Desenvolvimento Social; Secretaria Nacional de Assistência Social; Ministério da Cidadania, 2018. Disponível em: http://dados.gov.br/dataset/censo-suas. Acesso em: set. 2019.

BRASIL. RESOLUÇÃO N° 109, DE 11 DE NOVEMBRO DE 2009 Aprova a Tipificação Nacional de Serviços Socioassistenciais. Brasília/DF: SECRETARIA NACIONAL DE ASSISTÊNCIA SOCIAL: CONSELHO NACIONAL DE ASSISTÊNCIA SOCIAL, nov. 2009. Disponível em: http://www.mds.gov.br/webarquivos/publicacao/assistencia_social/Normativas/tipificacao.pdf. Acesso em: 25 jun. 2020.

CONSELHO NACIONAL DE JUSTIÇA (CNJ). Cadastro Nacional de Crianças Acolhidas (CNCA/CNJ). Disponível em: https://www.cnj.jus.br/cnca/publico/. Acesso em: 12 dez. 2019.

CONSELHO NACIONAL DE JUSTIÇA (CNJ). Cadastro Nacional de Adoção (CNA/CNJ). Disponível em: https://www.cnj.jus.br/corregedoriacnj/sistemas-consulta-publica/. Acesso em: 12 dez. 2019.

CONSELHO NACIONAL DE JUSTIÇA (CNJ). Provimento n. 32/2013, de 24 de junho de 2013. Dispõe sobre as audiências concentradas nas Varas da Infância e Juventude.

CONSELHO NACIONAL DO MINISTÉRIO PÚBLICO. *Relatório da Infância e Juventude — Resolução n. 71/2011*: um olhar mais atento aos serviços de acolhimento de crianças e adolescentes no país. Brasília: Conselho Nacional do Ministério Público, 2013. Disponível em: http://prattein.com.br/home/images/stories/Direitos_da_Criana_e_do_Adolescente/Relatrio_Acolhimento-CNMP.pdf. Acesso em: 2 dez. 2019.

DIGIÁCOMO, Murilo José. O Conselho Tutelar e a medida de acolhimento institucional. s/d. Disponível em: http://www.mppr.mp.br/arquivos/File/OConselhoTutelareamedidadeabrigamento.pdf. Acesso em: 10 dez. 2019.

IBGE. Instituto Brasileiro de Geografia e Estatística. *Síntese de Indicadores Sociais* — IBGE, 2019. Disponível em: https://agenciadenoticias.ibge.gov.br/agencia-noticias/2012-agencia-de-noticias/noticias/25882-extrema-pobreza-atinge-13-5-milhoes-de-pessoas-e-chega-ao-maior-nivel-em-7-anos. Acesso em: 2 dez. 2019.

MATA, N. T.; SILVEIRA, L. M. B.; DESLANDES, S. F. Família e negligência: uma análise do conceito de negligência na infância. *Ciência & Saúde Coletiva*, v. 22, n. 9, p. 2881-2888, 2017. Disponível em: https://www.scielosp.org/pdf/csc/2017.v22n9/2881-2888. Acesso em: 2 dez. 2019.

NASCIMENTO, M. L. *Proteção e negligência pacificando a vida de crianças e adolescentes*. Rio de Janeiro: Lamparina, 2015.

NASCIMENTO, M. L. Abrigo, pobreza e negligência: percursos de judicialização. *Psicologia & Sociedade*, 24 (n. esp.), p. 39-44, 2012.

SENADO NACIONAL. Projeto de Lei do Senado n. 394, de 2017. Estatuto da Adoção. Disponível em: https://www25.senado.leg.br/web/atividade/materias/-/materia/131275. Acesso em: 12 dez. 2019.

SILVA, Izabella Régis da. *Caminhos e (des)caminhos do plano nacional de convivência familiar e comunitária*: a ênfase na família para a proteção integral de crianças e adolescentes, 2010. Dissertação (Mestrado em Serviço Social) — Universidade Federal de Santa Catarina, Florianópolis, 2010. Disponível em: http://repositorio.ufsc.br/xmlui/handle/123456789/94495. Acesso em: 26 nov. 2019.

CAPÍTULO 6

Crescer e se desenvolver como sujeito de direitos: artimanhas do racismo estrutural

Márcia Campos Eurico

Introdução

A elaboração deste capítulo ocorre em meio à crise generalizada que atinge a sociedade brasileira, de caráter fascista e que afeta de modo visceral o cotidiano da classe trabalhadora. Dentre as diversas intervenções do governo federal, com anuência de vários representantes do Estado, se destacam a reforma trabalhista, o congelamento dos gastos públicos, a reforma da previdência, o pacote anticrime, bem como a reiterada violência institucional, escamoteada pelo discurso da restauração da família e da sociedade, possível apenas com a extinção dos "inimigos" da pátria, via genocídio, encarceramento em massa, política de "guerra" às drogas.

O inacreditável nesta história é que crianças e adolescentes também vêm sendo descritos como inimigos a serem abatidos. Melhor dizendo, há um "perfil" de crianças e adolescentes perigosos, para os quais a proteção integral presente no Estatuto da Criança e do Adolescentes (ECA), na prática, se reduz ao Título II, Capítulo II, Das Medidas de Proteção, pela "natural" incapacidade de suas famílias, e ao Título III, Capítulo IV, Das Medidas Socioeducativas, com vista a corrigir condutas "desviantes". No mais, todos os direitos e deveres da sociedade e do Estado referentes à proteção da infância e adolescência se desmancham no ar, com a mesma velocidade das bolhas de sabão.

Certamente os atores sociais envolvidos na luta pela defesa intransigente de crianças e adolescentes, com destaque para a década de 1980, e que viram avançar a luta com a promulgação da Convenção dos Direitos da Criança (1989) e do Estatuto da Criança e do Adolescente — ECA (1990) —, não imaginaram o alcance das medidas repressoras, violentas e letais a que este grupo vem sendo submetido diariamente, nos diversos cantos do país, nos territórios onde reina a ausência do Estado na promoção de políticas sociais efetivas e de qualidade, ao mesmo tempo que sua presença causa pavor e medo pelo nível de violência que os agentes de segurança pública imprimem a estas pessoas, contratados pelo próprio Estado para proteger a propriedade privada em vez de zelar pelo bem-estar da população em geral. A mão violenta e letal do Estado nos territórios periféricos permanece encharcada por sangue negro, como no período da escravidão.

De antemão, é preciso assegurar que a desigualdade social entre as classes no Brasil é histórica, tem raízes no período da escravidão e encontra no aparato estatal mecanismos que legitimam esta disparidade, principalmente no acesso às políticas públicas. Podem-se destacar pelo menos dois dispositivos legais que reforçaram o estigma sobre as famílias negras, dificultando a manutenção dos vínculos afetivos:

— A *Lei do Ventre Livre*, promulgada em 1871, declarava livre a partir do nascimento toda criança negra, cuja mãe estava escravizada. Entretanto, não era possível pensar em liberdade, se a mãe permanecia na condição de escrava, ou seja, a criança não se livrou do jugo da escravidão. Os cuidados que permaneciam a cargo dos "senhores" incluíam maus-tratos e a exploração da sua força de trabalho, que jamais era compreendido como trabalho infantil. A lei previa que o "cuidado" seria recompensado com uma indenização do Estado ou com o direito de explorar o trabalho "voluntário", que se estendia dos 8 aos 21 anos, conforme análise empreendida por Costa (1986).

— A *Lei Áurea*, promulgada em 1888, declarou extinta a escravidão no Brasil, mas "na verdade, a abolição libertou o homem branco dos escravos" (Chiavenato, 1988, p. 83). A estrutura social que sustentava o modo de produção escravista, no contexto da assinatura dessa lei, já havia sofrido diversas rupturas, em virtude das lutas desencadeadas pela população negra, e uma parcela pequena ainda vivia sob a condição jurídica de escravos (Moura, 1994). Na literatura crítica sobre o período, encontramos a afirmação de uma "abolição tardia", pois, sem contemplar as necessidades da população negra, a extinção do regime recrudesce a desigualdade social no Brasil, de caráter étnico-racial, dificultando a inserção e manutenção deste grupo na disputa por postos de trabalho, na embrionária sociedade industrial.

Tais exemplos têm o intuito de esclarecer a partir de quais premissas se desenvolve esta reflexão, baseada na intrínseca relação entre capitalismo e escravidão, nos termos de Quijano (2005), entre questão social e questão étnico-racial no Brasil, conforme Martins (2013); na análise crítica sobre a reprodução das relações sociais brasileiras, racialmente fundadas, conforme Moura (1994); nos impactos que o projeto de desumanização das vidas negras e indígenas desde a sociedade escravocrata tem sobre a infância, e sua interface com a questão de gênero e da diversidade sexual.

1. A mudança de paradigma em relação à infância não muda a trajetória de crianças e adolescentes negros e indígenas

Na atualidade, sob o pretexto de combate à corrupção e à violência, os direitos e deveres presentes no Texto Constitucional e as garantias mínimas, que para parcelas mais vulneráveis da população, leia-se negros e indígenas, sequer foram aventados, na direção de um Estado Social e Democrático de Direito ou que assim se pretenda, como é o caso do Estado brasileiro, têm sido ignorados pelos mais contundentes "combatentes" da criminalidade e pelo próprio Presidente da República. O projeto do atual governo nasce de uma comoção social e do poder midiático que manipula a opinião pública, sob o argumento de que qualquer medida que vise erradicar a criminalidade é, por si só, válida independentemente se os direitos ou as normas jurídicas são violadas.

Que caminhos precisam ser abertos e/ou consolidados em tempos tão adversos para que a premissa de que crianças e adolescentes são pessoas em situação peculiar de desenvolvimento e de que é dever da família, da comunidade, da sociedade e do Estado zelar pelo seu estar biopsicossocial seja respeitada? E quando sobre essas crianças e adolescentes recai a marca da pobreza, da inclusão perversa e do acesso precário às políticas públicas, quais mediações precisam ser utilizadas? Sobretudo se entre lá e cá, entre os direitos fundamentais e a classe social, se acresce a questão étnico-racial, fator de maior discriminação e violência?

Quando se analisam os determinantes históricos da reduzida capacidade de proteção social de amplos segmentos da classe trabalhadora é lícito afirmar que a desproteção social é decorrente de um projeto societário, que determina o lugar hierárquico na divisão social e técnica do trabalho, segundo a condição de gênero, de raça/etnia e de orientação sexual, e tem rebatimentos sobre a infância/adolescência e sobre o alcance das medidas de proteção integral previstas no ECA.

Quer seja no âmbito do capitalismo mundial, cujas dimensões são globais, quer na particularidade da vida brasileira, o racismo moderno (Moura, 1994) vem sendo utilizado de maneira reiterada para justificar a barbárie e a violência em relação à população negra e indígena. Por outro lado, a desigualdade social pode ser justificada pelo discurso da igualdade, que de maneira abstrata é validado pelo mito da democracia racial. A manutenção da máscara da civilidade ganha robustez com a reprodução do princípio do individualismo e da meritocracia, como aspectos inelimináveis da vida cotidiana e que expressam a maior ou menor possibilidade de superar as contingências da vida.

O conjunto de qualidades produzidas pelo branco "europeu", em sua unidade abstrata, compõe aquilo que Bento (2002) e Schucman (2014) nomeiam como branquitude. A concepção de civilidade e de comportamento padrão no Brasil será estruturada a partir do modelo europeu, o que leva à produção de um determinado modelo de infância e de juventude. Todas as outras construções humanas são classificadas de acordo com aquela escala de referência. Como explicar os usos de drogas e as respostas públicas para este uso em territórios periféricos e em territórios com grupos que detêm alto poder aquisitivo? Como explicar penas diferentes quando o réu é negro e quando ele é branco? Como explicar a violência contra os povos indígenas e seus territórios? Como explicar a criminalização dos territórios periféricos e de suas formas de luta e resistência?

As mediações necessárias para a apreensão deste Estado violento e violador precisam ter como ponto de partida a historicização das relações étnico-raciais no Brasil, os interesses contidos na reprodução do mito da democracia racial, e como brancos, negros e indígenas se percebem e como são percebidos.

Pensar os limites, os desafios e as possibilidades a partir do ECA exige lançar mão destas e outras mediações ou as ações desenvolvidas permanecem imediatistas e fragmentadas. A reprodução do racismo estrutural e institucional reforça o privilégio daqueles que controlam o poder político, econômico, cultural, religioso, com destaque para o modo como as políticas sociais são elaboradas, implantadas e qual o montante do orçamento público lhes é destinado.

A universalização do acesso aos direitos previstos no ECA e um desafio a medida que o desenho das políticas sociais e fragmentado, focalizado e parte das ações protetivas na infância e adolescência estão a cargo da Política de Assistência Social. A partir da inserção dos CRAS e CREAS nos territórios para operacionalização desta política há um avanço na análise acerca da complexidade que é a desigualdade social imbricada com a questão étnico-racial, em que pesem as particularidades de cada região do país.

Em um país tão desigual, a assistência social, pela própria natureza da política social no âmbito capitalista, não atende às necessidades básicas, porque esta não é a sua função (Vieira, 2007) e os critérios de elegibilidade partem do princípio de que é destinada a quem dela necessitar e pelo tempo que necessitar. A título de ilustração, podemos pensar a "proteção" oferecida a uma criança, cujos direitos foram violados pela família de origem, sem que se problematize em que medida os direitos dessa família foram violados pelo Estado (Rizzini, 2006).

O ECA prevê a intervenção do Estado quando a família viola os direitos, mas o acesso à justiça quando a violação parte do próprio Estado é deficitária, insuficiente ou inexistente a depender das condições objetiva e subjetiva que esta família tem e da compreensão desta acerca dos direitos sociais. E em grande medida a depender da concepção de humanidade dos operadores do direito responsáveis por defender a população pobre, preta e periférica, pois com raríssimas exceções, estes são sociabilizados a partir do lugar da branquitude, com tudo que ela comporta e representa, e se atribuem a tarefa de salvar o mundo, a partir da interferência nas famílias, nas favelas, nas comunidades, nos quilombos, nas aldeias para produzir respostas, em geral, autoritárias e conservadoras na esfera individual, sem que se considerem as determinações sócio-históricas que concorrem para as assimetrias entre crianças/adolescentes e seus grupos familiares.

E quando se analisa a inter-relação entre racismo estrutural/institucional e a opção pela política neoliberal, que se fortaleceu no Brasil a partir da década de 1990, o alcance do ECA, que surge no mesmo contexto, é ainda mais restrito, pois o combate às desigualdades estruturais, racialmente fundadas, vai na contramão dos interesses do capital. A organização dos diversos segmentos do movimento negro é essencial para que a sociedade em geral seja provocada a discutir que o racismo no Brasil existe, é vil e sanguinário e não poupa sequer nossas crianças e adolescentes. A violência étnico-racial desnuda a imagem angelical de uma sociedade escravocrata como é a característica da sociedade brasileira.

O ECA inova ao tratar a criança e o adolescente como pessoas em situação peculiar de desenvolvimento e que necessitam de proteção integral da família, da comunidade, da sociedade e do Estado para se desenvolver com segurança; as concepções expressas no antigo Código de Menores, cuja ênfase era a situação irregular, ainda orientam, em diversos âmbitos, o trabalho profissional. A antiga produção da criança e do adolescente como "marginal", "delinquente" permanece associada à infância, adolescência e juventude negra.

Portanto, não haverá uma transformação radical do paradigma da menoridade sem que se apreendam os efeitos do racismo sobre o conjunto da sociedade. Situação peculiar de desenvolvimento permanece como algo abstrato, quando à defesa da infância e adolescência não se associa a luta antirracista.

Se historicamente, no Brasil, as crianças pobres foram mantidas, em geral, sob a tutela do Estado, quando este identificava a incapacidade da família em oferecer proteção, fundamentalmente pela situação de pobreza, e o Código de Menores surge na década de 1920 como um instrumento jurídico para controlar a vida daqueles seres tidos como "desviados", em situação irregular, seria razoável considerar que com a aprovação do ECA se passasse a discutir profundamente o que significou a reprodução do estigma, do preconceito e da discriminação étnico-racial na vida cotidiana para negros, indígenas e brancos.

A ideia do "menor" em certa medida vem sendo substituída paulatinamente pelo discurso do "perfil", como forma de diferenciar crianças e adolescentes brancos das demais crianças e adolescentes (Eurico, 2018b). Chamamos a atenção para o fato de que o perfil é solidificado, com base nas ideias do senso comum, produzidas a partir da construção racializada da sociedade brasileira, e prescinde do rigor teórico que possibilita apreender este tratamento desigual como expressão do racismo e portanto uma forma de maus-tratos (Silva Jr. *et al.*, 2016).

Embora os avanços existam, permanece, em relação à infância e adolescência, um discurso abstrato por parte da sociedade brasileira, por vezes, reprodutor do mesmo estigma presente no período da vigência do Código de Menores. Outro aspecto a se considerar no debate do Estatuto é o estigma sobre a sexualidade e a culpabilização dos sujeitos, quando não se comportam moralmente dentro do padrão conservador ou quando transgridem o binômio homem/mulher.

O direito à sexualidade é um direito humano violado com frequência e as práticas coercitivas começam no período que antecede a entrada na adolescência, o lócus privilegiado é a família, mas esta também se reproduz nas ações profissionais. A violência doméstica justificada pela "conduta" dos pré-adolescentes e adolescentes, por vezes, desencadeia o acolhimento institucional. A falta de apreensão acerca da diversidade humana e da sexualidade a ela inerente pode potencializar nos espaços institucionais a violação de direitos. Raça/etnia, gênero e sexualidade são aspectos que precisam ser considerados na relação com a classe social e nos estudos sobre a infância e a adolescência. O estigma em virtude da identidade de gênero e da orientação sexual é reflexo do país que mais mata população LGBTQ+ no mundo.

Em Santos (2017), a questão da diversidade sexual é analisada a partir da dialética opressão e liberdade, com suas determinações reais na vida dos sujeitos, no modo como estes experienciam o preconceito e a discriminação. Para a autora, é fundamental que se realize uma crítica radical à sociabilidade no mundo capitalista, em vez de circunscrever a temática à singularidade da vivência da sexualidade, em que o discurso do politicamente correto se faz presente, sem articular as particularidades à totalidade social. Consideramos importante destacar que o controle sobre os corpos se inicia na infância e que é um imperativo ético discutir isso, refutando toda e qualquer atitude que vise homogeneizar os comportamentos.

2. Serviço Social e efetivação dos direitos de crianças e adolescentes

A iniciativa de demarcar os 30 anos do Estatuto da Criança e do Adolescente ocorre em um momento importante em que a agudização da crise do capital, o avanço do conservadorismo e as situações de barbárie vivenciadas no cotidiano nos colocam como desafio construir alternativas concretas na direção da emancipação política e humana. A reflexão crítica sobre a política social, sua função na dinâmica da reprodução da vida social, principalmente em tempos de retração e extinção de diversos direitos sociais, é um debate fundamental para o Serviço Social, cujo projeto profissional se orienta a partir da liberdade como valor ético-político central.

Na direção da efetivação do projeto profissional, a defesa intransigente dos direitos precisa fazer parte do cotidiano de trabalho do assistente social, quer seja no planejamento, na gestão ou na execução das políticas sociais voltadas à infância e adolescência. Na esteira desta luta é essencial que se apreenda a relação direta entre o avanço do conservadorismo e os elementos fundantes das relações sociais no capitalismo que se organizam a partir do tripé: exploração, opressão e dominação. Relações sociais que no contexto da formação e manutenção da sociedade brasileira têm como lócus privilegiado o racismo que retroalimenta a desigualdade de classes e assimetrias no interior da classe trabalhadora. Faz-se necessário, portanto, localizar a infância/adolescência na dinâmica das relações sociais, racialmente fundadas, além de identificar os mecanismos institucionais que reforçam o tratamento diferenciado, leia-se racista, conforme o grupo étnico-racial, a classe social, o lugar de gênero, a orientação sexual, o local de nascimento, como aspectos essenciais para a análise histórica da sociedade brasileira.

Se o racismo está entranhado na estrutura social, se é reproduzido nos espaços institucionais e se a naturalização desta violência tem sido incorporada pela população em geral, o momento é de grande ameaça aos princípios previstos no ECA, uma vez que a violência é legitimada com base na inferioridade étnico-racial, mesmo com a ciência afirmando de maneira inequívoca que não há raças superiores e inferiores. A construção social deturpada sobre as diferenças fenotípicas entre negros, brancos, indígenas e asiáticos favorece a reprodução, no miúdo da vida cotidiana, da hierarquização e do privilégio para o grupo branco.

A violação do ECA pode ocorrer, portanto, de maneira implícita e explícita como, por exemplo, na reiterada cristalização de um "perfil", em que cabem os desvalidos, os sujeitados, os abandonados, os incapazes, quer nas creches, nas escolas, nos serviços de acolhimento institucional, nos espaços de cumprimento de Medidas Socioeducativas, nos Centros para Crianças e Adolescentes e nos espaços do judiciário, entre outros. O discurso da inferiorização e da incapacidade emerge com frequência, e há pouca ou nenhuma credibilidade acerca da capacidade intelectual e moral dos grupos inferiorizados.

A elaboração de um "perfil" de uma maneira pragmática personifica o estigma. Toda vez que os profissionais se incomodam por causa de alguém que não está no perfil, o ECA é atacado, porque a doutrina da proteção integral tem como uma premissa fundamental o tratamento igualitário para todas as crianças e adolescentes. Ter "perfil" é sinônimo de ser pobre, periférico, preto ou pardo e dependente da tutela de um Estado fascista, racista, sexista, lesbotransfóbico e que, neste momento da história nacional, se esconde atrás da pecha da "família acima de tudo, Deus acima de todos".

O combate ao racismo requer uma análise apurada da branquitude x negritude, como construções sociais (Bento, 2002). Raça tem um sentido sociológico, de identificação do sujeito segundo atributos que são valorados como positivos ou negativos, a partir do pertencimento étnico-racial. A branquitude outorga privilégios ao próprio grupo, reproduzidos de geração em geração, sem uma análise apurada sobre os prejuízos que esta ideia de supremacia acarreta ao "outro".

Apreender a história e a trajetória da população negra e indígena no Brasil é o primeiro passo em direção à luta antirracista. As relações étnico-raciais precisam ser analisadas sob outras bases.

Destaca-se nesta direção o avanço de ações como aquelas previstas na Lei n. 10.639/2003 que torna obrigatório, nas escolas de ensino fundamental e médio, públicas e privadas, o ensino de História da África e a contribuição dos povos africanos para a formação do Brasil; na Lei n. 11.645/2008, que inclui nas escolas de ensino fundamental e médio, públicas e privadas, o ensino de história e da cultura indígena e a contribuição dos povos indígenas para a formação do Brasil — debate que precisa se consolidar; e no Estatuto da Igualdade Racial — Lei n. 12.288/2010, que se destina a garantir a efetivação da igualdade de oportunidades, a defesa dos direitos e o combate à discriminação racial e às desigualdades estruturais e de gênero que atingem a população negra, incluindo a dimensão racial nas políticas públicas e nas diversas ações desenvolvidas pelo Estado.

A efetivação de políticas sociais que contemplem a especificidade da população negra e indígena exige *a priori* que se compreenda quem é negro e/ou indígena no Brasil e como a variabilidade de termos para denominar esta população pode reduzir a desigualdade racial a um problema semântico. Mesmo quando se trata de trabalhos com reconhecida qualidade teórica, a confusão em relação aos termos e a falta de uniformidade no uso das classificações adotadas pelo IBGE e que são utilizadas por vários institutos de pesquisa trazem prejuízos ao debate, reforçando aquilo que sistematicamente tenta se combater, o racismo institucionalizado (Eurico, 2018b). Em última análise, o uso de terminologias diversas, conflitantes entre si, também cumpre o papel de reprodução do racismo institucional, à medida que seus interlocutores encontram subterfúgios para não aprofundar a análise sobre as relações étnico-raciais e as fraturas e atrocidades que o racismo desencadeia.

3. Relações étnico-raciais no Brasil, um debate em aberto

O racismo estrutural e institucional incide com violência sobre as famílias negras e indígenas no Brasil, impacta na capacidade protetiva de seus membros e com frequência concorre para a violação dos direitos humanos das crianças e adolescentes. A situação de rua é uma das violências mais brutais, porque viola um conjunto de direitos humanos em tempo real, de maneira inequívoca e insidiosa (Ferreira, 2001). A alternância entre a rua e o Saica, as violências cotidianas, a fragilização dos vínculos familiares e comunitários são decorrentes do modo de produção capitalista.

O ordenamento jurídico em relação à infância vem se modernizando, porém a tradição escravocrata da sociedade brasileira impossibilita a proteção social da maioria das crianças e adolescentes negros, à medida que o racismo que permeia a vida cotidiana é sistematicamente ignorado.

Ser pobre e negra no Brasil definitivamente não é um detalhe para as meninas, que quando jovens e adultas têm mais chances de serem vitimadas pelo feminicídio, pela violência obstétrica, pela sobrecarga de cuidados e de provisão das necessidades do grupo familiar.

Ser pobre e negro no Brasil definitivamente não é um detalhe para os meninos, atingidos diariamente pela violência urbana, pela violência policial, arregimentados pelo mercado de drogas ilícitas, vitimados pelo extermínio e pelo encarceramento. O aumento da violência contra crianças e adolescentes expressa uma matriz conservadora, que continua a separar a partir da classe social. A pobreza tem cor no Brasil, logo separar por classe social de maneira geral é segregar pretos e pardos.

De maneira estrutural, o avanço do neoliberalismo no Brasil fortaleceu a bandeira do Estado, mínimo para o social e máximo para o capital. A previsão orçamentária para a Política de Assistência Social é irrisória, diante da grandeza dos problemas sociais, que são estruturais e demandam grande investimento público. O congelamento dos gastos públicos, por sua vez, acirra um processo que é antigo na esteira da vida brasileira, em que as políticas sociais não conseguem ampliar seu raio de ação para todos os cantos do país, de maneira eficiente, e concorrem para a negação do direito de amplas parcelas da população ao desenvolvimento saudável na infância e na adolescência.

Dito isso, cabe-nos asseverar que a luta segue em direção a uma sociedade em que os valores verdadeiramente igualitários, livres de qualquer forma de exploração, dominação ou opressão, não se configuram como mito, mas como possibilidade histórica, tarefa de homens e mulheres indistintamente comprometidos com a liberdade humana.

Para todas as pessoas comprometidas com outra ordem societária, o ECA precisa ser materializado por meio de ações que protejam a infância, o direito à diferença como diversidade e não desigualdade. Na direção de uma sociedade justa, a luta antirracista, a antissexista e a anticapitalista precisam ocorrer simultaneamente. No tocante à luta antirracista e ao alcance dos direitos sociais previstos nas normas jurídicas sobre a infância e a adolescência, é condição *sine qua non* apreender criticamente o debate sobre relações étnico-raciais, sobre racismo estrutural e institucional e se comprometer com a inclusão deste debate na grade curricular dos diversos cursos de graduação, na política de educação, na qualificação dos professores e gestores, na formação continuada dos conselheiros tutelares, orientadores socioeducativos, para que o acúmulo teórico esteja disponível e ao alcance do conjunto da sociedade.

Referências

ALMEIDA, M. S. Desumanização da população negra: genocídio como princípio tácito do capitalismo. *Em Pauta*, Rio de Janeiro, v. 12, n. 34, 2º sem. 2014.

BARROCO, M. L. S. A historicidade dos direitos humanos. *In*: FORTI, V.; GUERRA, Y. *Ética e direitos*: ensaios críticos. Rio de Janeiro: Lumen Juris, 2009.

BEHRING, E. R.; BOSCHETTI, I. *Política social:* fundamentos e história. São Paulo: Cortez, 2006.

BENTO, M. A. Branqueamento e branquitude no Brasil. *In*: CARONE, Iray; BENTO, Maria Aparecida Silva (org.). *Psicologia social do racismo*: estudos sobre branquitude e branqueamento no Brasil. Petrópolis: Vozes, 2002. Disponível em: http://www.media.ceert.org.br/portal-3/pdf/publicacoes/branqueamento-e--branquitude-no-brasil.pdf. Acesso em: 13 nov. 2019.

BRASIL. Lei n. 8.069, de 13 de julho de 1990. Estatuto da Criança e do Adolescente (atualizado até 11 maio 2019).

CEERT. *Convenção Interamericana contra o Racismo:* um novo vetor de atuação do estado. São Paulo, 2016.

CHIAVENATO, J. J. *As lutas do povo brasileiro*: do descobrimento a "Canudos". São Paulo: Moderna, 1988.

COSTA, E. V. *A abolição.* 2. ed. São Paulo: Global, 1986.

EURICO, M. C. A percepção do assistente social acerca do racismo institucional. *Serviço Social & Sociedade,* São Paulo: Cortez, ano XXXIII, n. 114, 2013.

EURICO, M. C. A luta contra as explorações/opressões, o debate étnico-racial e o trabalho do assistente social. *Serviço Social & Sociedade,* São Paulo: Cortez, ano XXXIX, n. 133, 2018a.

EURICO, M. C. *Preta, preta, pretinha:* o racismo institucional no cotidiano de crianças e adolescentes negras(os) acolhidos(as). 2018. 209 f. Tese (Doutorado em Serviço Social) — Programa de Estudos Pós-Graduados em Serviço Social, Pontifícia Universidade Católica de São Paulo, São Paulo, 2018b.

FERREIRA, T. *Os meninos e a rua:* uma interpelação à psicanálise. Belo Horizonte: Autêntica, 2001.

MARTINS, T. C. S. Racismo, questão social e serviço social: elementos para pensar a violação de direitos no Brasil. *Revista Inscrita,* Rio de Janeiro, v. 14, p. 10, 2013.

MOURA, C. O racismo como arma ideológica de dominação. *Princípios,* n. 34, ago./out. 1994.

QUIJANO, A. Colonialidade do poder, eurocentrismo e América Latina. *In*: LANDER, E. (org.). *A colonialidade do saber*: eurocentrismo e ciências sociais, perspectivas latino-americanas. Buenos Aires: CLACSO; Consejo Latinoamericano de Ciencias Sociales. Editorial, 2005. Disponível em: http://bibliotecavirtual.clacso.org.ar/. Acesso em: 18 nov. 2018.

RIZZINI, I. (coord.). *Acolhendo crianças e adolescentes*: experiências de promoção de direito à convivência familiar e comunitária no Brasil. São Paulo: Cortez; Brasília: Unicef; Ciespi; Rio de Janeiro: PUC-RIO, 2006.

ROCHA, R. F. A questão étnico-racial no processo de formação em Serviço Social. *Serviço Social & Sociedade*, São Paulo: Cortez, ano XXX, n. 99, 2009.

SAFFIOTI, Heleieth. *Gênero, patriarcado, violência*. São Paulo: Expressão Popular; Fundação Perseu Abramo, 2015.

SANTOS, S. M. de M. dos. Diversidade sexual: fonte de opressão e de liberdade no capitalismo. *Revista Argumentum*, Vitória, v. 9, n. 1, p. 8-20, jan./abr. 2017. Disponível em: http://www.cressrn.org.br/files/arquivos/D84X2bDJY6w13h0wo9py.pdf. Acesso em: 7 nov. 2019.

SCHUCMAN, Lia Vainer. Sim, nós somos racistas: estudo psicossocial da branquitude paulistana. *Revista Psicologia e Sociedade*, v. 26, n. 1, 2014. Disponível em: http://www.scielo.br/pdf/psoc/v26n1/10.pdf. Acesso em: 7 nov. 2019.

SERRANO, C.; WALDMAN, M. *Memória D'África*: a temática africana em sala de aula. 3. ed. São Paulo: Cortez, 2010.

SILVA JR., H.; TEIXEIRA, D. (org.). *Discriminação racial na infância é sinônimo de maus-tratos*: a importância do ECA para a proteção das crianças negras. São Paulo: Centro de Estudos das Relações de Trabalho e Desigualdades (CEERT), 2016.

UNICEF. Fundo das Nações Unidas para a Infância. *O impacto do racismo na infância*. Brasília: Unicef, 2010. Disponível em: https://www.youtube.com/watch?v=_aPYuKiKFMg. Acesso em: 20 nov. 2019.

VIEIRA, Evaldo. *Os direitos e a política social*. 2. ed. São Paulo: Cortez, 2007.

CAPÍTULO 7

O direito de Defesa como pilar da Proteção Integral:
expressão de um ato revolucionário

Ana Carolina Oliveira Golvim Schwan
Peter Gabriel Molinari Schweikert

1. Introdução — "O fim do menorismo e o menorismo sem fim"

A quebra de paradigmas operada pela incorporação da Doutrina da Proteção Integral, inicialmente na Constituição Federal de 1988 e, posteriormente, no Estatuto da Criança e do Adolescente, em 1990, foi uma conquista de relevância ímpar.

Não apenas conferiu, pela primeira vez na história do Brasil, o *status* de sujeitos de direitos às pessoas em desenvolvimento, garantindo-lhes proteção integral com prioridade absoluta, mas também buscou favorecer — ao menos no plano normativo — as condições para que, de fato, tais sujeitos pudessem exercer sua cidadania e ocupar seu lugar no mundo, quer nos espaços públicos, quer nos espaços privados.

O processo de mudança de paradigmas, todavia, ao contrário do que há muito sustenta entusiasmadamente a doutrina, não ocorreu de forma ruptural. Aproveitando as estruturas, as equipes, os serviços e as práticas de outrora, forçou-se a inserção do novo paradigma nas entranhas institucionais que por mais de um século lidaram com crianças e adolescentes — sobretudo da classe trabalhadora — como objeto de tutela, a partir de uma visão essencialmente adultocêntrica de seus desejos e interesses.

O choque entre norma e realidade, portanto, deu ensejo a inúmeras contradições que até hoje permeiam as práticas judiciárias e extrajudiciárias. Daí por que, dentre o amplo amálgama de alterações estruturais necessárias para que o processo emancipatório — e, com ele, o reconhecimento da autonomia progressiva de crianças e adolescentes — possa ter início, merece destaque um dos mais importantes pilares do novo paradigma: o direito de acesso à justiça e, mais especificamente, o direito de defesa.

A Defensoria Pública, nesse sentido, adquiriu particular importância no contexto da Doutrina da Proteção Integral.

De acordo com o texto constitucional, a instituição, essencial à função jurisdicional do Estado, expressão e instrumento do regime democrático, tem por missão prestar orientação jurídica, reivindicar a promoção dos direitos humanos e exercer a defesa, em todos os graus, judicial e extrajudicialmente, dos direitos individuais e coletivos, de forma integral e gratuita, aos necessitados (art. 134). E dentre os grupos vulneráveis, incluídos no conceito mais amplo de "necessitados" (no sentido organizacional), encontram-se, definitivamente, as crianças e os adolescentes (art. 4º, inciso XI, da Lei Complementar n. 80/94)[1].

1. Art. 4º São funções institucionais da Defensoria Pública, dentre outras: [...] XI — exercer a defesa dos interesses individuais e coletivos da criança e do adolescente, do idoso, da pessoa

Conferindo maior concretude ao direito fundamental de acesso à justiça por crianças e adolescentes, o Estatuto da Criança e do Adolescente (Lei n. 8.069/90) previu a garantia de acesso, por toda criança e adolescente, à Defensoria Pública, ao Ministério Público e ao Poder Judiciário, enfatizando a obrigação do Estado de prover assistência judiciária gratuita "aos que dela necessitarem", através da Defensoria (art. 141).

Já a Convenção das Nações Unidas sobre os Direitos da Criança, incorporada à ordem jurídica brasileira pelo Decreto n. 99.710/90, consagrou o direito de crianças e adolescentes à assistência jurídica e, mais especificamente, seu direito de serem ouvidos e participar em todos os processos judiciais e administrativos que os afetem, seja diretamente, seja por intermédio de um representante ou órgão apropriado, devendo suas opiniões, desejos e interesses concretos serem, *necessariamente,* levados em consideração.

De modo bastante vanguardista, portanto, a legislação passa a consagrar mecanismos de freios e contrapesos à plenipotência que, historicamente, marcou as práticas excessivamente discricionárias dos juizados de menores e que até hoje se perpetuam, embora disfarçadas por uma retórica supostamente condizente com o paradigma da proteção integral.

Nesse sentido, o direito de defesa assume uma característica muito específica: *desvelar* a ideologia por detrás do discurso e das narrativas que permeiam as relações de poder materializadas nas ações institucionais dos mais diversos atores do Sistema de Garantia de Direitos na vida das famílias em situação de penúria e vulnerabilidade.

Para Foucault (2008), o discurso consiste num conjunto de enunciados que integram as malhas do poder (binômio saber-poder), perpassando as diversas relações entre sujeitos. De acordo com Silva e Machado Júnior (2014, p. 10):

---

portadora de necessidades especiais, da mulher vítima de violência doméstica e familiar e de outros grupos sociais vulneráveis que mereçam proteção especial do Estado.

> Tanto os discursos, como os objetos e os sujeitos no pensamento de Foucault, constroem-se a partir de relações de poder. Pensando inicialmente no sujeito em Foucault, encontramos sua formação baseada em discursos frutos destas relações (de poder) que emanam de diversas instâncias diferentes e produzem discursos atuantes na construção deste sujeito, que terá uma dominação, classificação, papel ou posição dentro desses discursos [...]. Uma das formas de constituição dos indivíduos em sujeitos seria através da identificação e oposição (Foucault, 1995, p. 234) aos poderes "maiores" na sociedade, expressos em discursos, que buscam docilizar o indivíduo de forma a torná-lo produtivo ou portador de posturas e condutas desejáveis[2].

Também pensando na constituição dos indivíduos em sujeitos (de direitos) a partir da ideologia, Althusser enfatiza a função, no interior desse processo, de sujeição, na sociedade de classes, dos indivíduos no preciso lugar a eles determinado na/pela estrutura social[3] (função matricial da ideologia).

O sistema material da ideologia, portanto, de acordo com Althusser, atua sobre o indivíduo de modo a prescrever as práticas que este deve desempenhar e o lugar que deve assumir na reprodução da estrutura social. E é exatamente esse o papel que vem cumprindo parte dos atores e atrizes do Sistema de Garantia de Direitos (Resoluções n. 113 e 117 do CONANDA), que, ao perpetuar práticas arbitrárias e violentas contra as classes mais pobres sob o véu da "proteção integral", da "prioridade absoluta" e do "melhor interesse da criança", apenas fortalecem as relações de exploração necessárias para a manutenção da estrutura social capitalista neoliberal e neocolonial que assola o país e impede o cumprimento dos objetivos

---

2. SILVA, Giuslane Francisca da Silva; MACHADO JÚNIOR, Sérgio da Silva. O discurso em Michel Foucault. *Revista eletrônica História em Reflexão*, v. 8, n. 16, Dourados: UFGD, jul./dez. 2014, p. 10.

3. KASHIURA, Celso Naoto. "Sujeito de direito e interpelação ideológica". Revista *Direito e Práxis*, v. 6, n. 10, Rio de Janeiro, 2015, p. 49-70.

maiores da república (art. 3º, CF/88) — as "promessas incumpridas da modernidade"[4].

A seguir, serão analisadas algumas das possibilidades de materialização do direito de defesa, a partir da atuação da Defensoria Pública em situações em que rotineiramente os direitos de crianças e adolescentes não são observados. Busca-se, com isso, não apenas ilustrar como o direito de defesa pode ocorrer na prática, senão, principalmente, reforçar sua imprescindibilidade como ferramenta central para a superação definitiva da ideologia menorista que até hoje contamina as práticas institucionais do chamado Sistema de Garantia de Direitos da Criança e do Adolescente[5].

2. Ruas, drogas e unidade familiar: uma tríade inconciliável?

2.1. A prática

Embora inexistam dados estatísticos precisos, sabe-se que, na prática, são inúmeros os casos de separação de famílias fundamentados em uma narrativa que pressupõe como inconciliáveis o exercício da parentalidade, a situação de rua e o uso de substâncias psicoativas — apesar da inexistência de embasamentos científicos consistentes para tanto.

Em matéria publicada no ano de 2017, por exemplo, a Vara da Infância e Juventude do Foro Central da Capital Paulista estimou que 90% das adoções de bebês são justificadas pelo uso de crack pelas mães[6].

---

4. STRECK, Lenio Luiz. Hermenêutica, Constituição e autonomia do Direito. *Revista de Estudos Constitucionais, Hermenêutica e Teoria do Direito*. n. 1, v. 1, jan./jul. 2009.

5. Cf. Resoluções n. 113 e 117 do CONANDA.

6. Dependência de crack é responsável por 90% dos bebês adotados na região central de SP". Rede Brasil Atual, 23 jul. 2017. Disponível em: https://www.redebrasilatual.com.br/cidadania/2017/07/crack-e-responsavel-por-cerca-de-90-dos-bebes-colocados-para-adocao-em-sao-paulo/. Acesso em: 2 nov. 2019.

As mesmas construções sociais presentes no imaginário do senso comum sobre o uso de drogas e a situação de rua — inclusive ilustrações simbólicas e ficcionais como a figura do "zumbi" — atravessam as práticas judiciárias, fazendo com que o acolhimento institucional de filhos/as de mulheres usuárias de substâncias psicoativas e/ou em situação de rua seja uma constante nas Varas da Infância e Juventude de todo o Brasil. E, pior, também frequentes se tornam as colocações aceleradas destas crianças (mormente de recém-nascidos e crianças na etapa da primeira infância) em famílias substitutas, por meio da adoção, muitas vezes em desrespeito total ao devido processo legal, ao contraditório e à ampla defesa.

Uma análise mais atenta dos fundamentos invocados para a aplicação da severa medida de proteção, todavia, coloca em xeque a legitimidade e, principalmente, a licitude dessas determinações judiciais, revelando a continuidade das práticas menoristas que marcaram violências históricas contra crianças e adolescentes da classe trabalhadora.

2.2. O discurso

As inúmeras decisões judiciais que determinam, diuturnamente, o acolhimento institucional de crianças e adolescentes (mas principalmente de bebês), filhos/as de pais que apresentam algum padrão de uso, presente ou pretérito, de substâncias psicoativas, têm como um de seus fundamentos principais[7] a compreensão generalizada e generalizante de que o uso de drogas pelos genitores, por si só,

7. O segundo principal fundamento utilizado para a aplicação das medidas de acolhimento institucional contra bebês filhos/as de mulheres usuárias de substâncias psicoativas foi, durante quase duas décadas, o suposto "direito" dessas crianças de serem criadas e educadas "em ambiente livre da presença de pessoas dependentes de substâncias entorpecentes" (redação original do art. 19 do ECA). A redação do dispositivo, todavia, sofreu alteração com o advento do chamado Marco Legal da Primeira Infância (Lei n. 13.257/16) que suprimiu, definitivamente, referida locução.

consiste em prática negligente nos cuidados com sua prole, além de atentar contra a moral e os bons costumes (arts. 24 do ECA e 1.638, inciso III, do Código Civil).

Os estigmas da "mulher de rua" ou da "mulher usuária" se tornam, então, sinônimo de "mulher inapta à maternagem", ainda que, concretamente, a mãe não tenha praticado qualquer conduta *diretamente dirigida* contra seu/sua filho/a.

2.3. A ideologia

Nesse sentido, é clara a adesão de parte do Poder Judiciário às práticas do Biopoder, sobretudo em sua vertente da Biopolítica[8], que materializa deliberações a respeito do que seja a vida e dos modos de vida considerados (in)dignos de serem vividos. Como bem lembram Tiburi e Dias (2013, p. 285), "falamos, nesse caso, do 'poder de decidir sobre o ponto em que a vida cessa de ser politicamente relevante'"[9].

Vale recordar, de outro giro, que o controle do Estado na vida das famílias, a partir de um recorte de classe no seio do capitalismo neoliberal, busca, dentre outras finalidades, excluir as camadas ou estratos sociais que não reúnem condições de serem inseridos na sociedade capitalista, quer na qualidade de mãe de obra produtiva, quer na qualidade de consumidores.

A propósito, Costa (2012) é categórica ao constatar que a intervenção estatal nos contextos familiares, desde o ponto de vista histórico, sempre esteve a serviço da manutenção dos padrões de moralidade vigentes[10].

---

8. Cf. FOUCAULT, Michel. Segurança, território, população: curso dado no Collège de France (1977-1978). São Paulo: Martins Fontes, 2008 (Coleção tópicos).

9. TIBURI, Marcia; DIAS, Andréa Costa. *Sociedade fissurada: para pensar as drogas e a banalidade do vício. Rio* de Janeiro: Civilização brasileira, 2013, p. 285.

10. "Progressivamente, as crianças alvo de institucionalização passaram a ser as pobres, consideradas 'menores em situação irregular', enquadradas social e legalmente nas condições passíveis de intervenção estatal [...]. Nesse contexto, o objetivo velado da intervenção familiar,

A figura da mulher gestante, em situação de rua, que faz uso de drogas torna-se o exemplo mais claro dessa estratégia de controle social: completamente incapaz de se adequar à sociedade capitalista, como mão de obra ou consumidora, passa a sofrer toda sorte de intervenções do Estado em sua vida, desde sua criminalização e encarceramento até sua internação involuntária para tratamento, perpassando, neste contexto, pela perda da guarda de seus filhos, inclusive como mecanismo de se evitar que aquele modo de vida disfuncional se reproduza.

2.4. O direito de defesa: a revelação da ideologia como forma de deslegitimação das práticas judiciárias

E como se articula o direito de defesa das crianças e de suas famílias nesse contexto? Justamente por sua aptidão para a revelação das ideologias que permeiam discursos e práticas institucionais, possibilitando a instauração da dúvida e da dialética onde, antes, havia apenas "certeza".

Como se viu, as relações reais de poder e controle social contra a mulher em situação de extrema vulnerabilidade ganham a roupagem salvacionista de proteção da criança, sobretudo a partir de decisões judiciais que invocam o princípio do melhor interesse da criança — positivado no art. 100, parágrafo único, inciso IV, do Estatuto da Criança e do Adolescente.

A atuação da Defensoria Pública, nas ações de restrição da convivência familiar e aplicação da medida de acolhimento institucional, assim como nas ações de destituição do poder familiar, tem demonstrado que, ao contrário do que intuitivamente poder-se-ia supor,

---

que se justificava em nome da proteção, passou a ser a prevenção social em relação aos 'futuros delinquentes', 'irregulares' e 'desajustados' [...]. Em última instância, toda a tradição histórica de intervenção familiar está fundada na ideia de que famílias pobres não são capazes de cuidar de seus filhos". COSTA, Ana Paula Motta. *Os adolescentes e seus Direitos Fundamentais:* da invisibilidade à indiferença. Porto Alegre: Livraria do Advogado, 2012. p. 176-178.

inexiste qualquer dicotomia entre os direitos da criança e os direitos de seus pais (sobretudo os direitos da mulher). Ao revés. Trata-se de direitos complementares, simbioticamente conectados.

Em outras palavras, não se protege necessariamente a criança retirando-a de sua família. Deve-se proteger a família, garantindo-lhe meios de acesso a bens materiais básicos e às políticas públicas existentes para que esta possa proteger os seus filhos e garantir-lhes todas as condições para seu adequado desenvolvimento, observadas as múltiplas formas de cuidado e a pluralidade de contextos socioculturais que demarcam as trajetórias pessoais de cada família, sobretudo daquelas historicamente marginalizadas[11].

Paralelamente, também vêm aumentando os estudos científicos que contestam os fundamentos apresentados pelo Poder Judiciário para a prática. Abruzzi (2011)[12], por exemplo, afirma que para o processo de constituição da maternidade — que, em si, inicia-se muito antes da concepção — contribuem diretamente diversos fatores transgeracionais, culturais e ambientais[13].

Portanto, por qualquer ângulo que se analise a questão, conclui-se claramente que não há espaço para a provocação de rupturas familiares *única e exclusivamente* em função de eventual uso de substâncias

---

11. Bastante ilustrativa, a propósito, é a Nota Técnica Conjunta MS e MDS n. 01/16 que estabeleceu "diretrizes e fluxograma para a atenção integral à saúde das mulheres e das adolescentes em situação de rua e/ou usuárias de crack/outras drogas e seus filhos recém-nascidos". Os Ministérios, em suma, reconhecem que as necessidades decorrentes do uso de álcool e outras drogas requerem uma abordagem multissetorial e interdisciplinar, diante da complexidade das situações apresentadas, que envolvem tanto aspectos relacionados à saúde quanto à exclusão social.

12. ABRUZZI, J. C. "A experiência da gestação na perspectiva de gestantes usuárias de crack internadas em uma unidade psiquiátrica de um hospital geral". Trabalho de Conclusão de Curso — Universidade Federal do Rio Grande do Sul. Escola de Enfermagem. Curso de Enfermagem. Porto Alegre, 2011.

13. A gestação de mulheres usuárias de substâncias psicoativas pode ser experienciada de forma muito semelhante a uma gestação sem riscos aparentes, já que os sentimentos de ambivalência (rejeição *versus* aceitação da gestação), as expectativas e a preocupação com a saúde do bebê e a centralização da mulher no cuidado da criança são elementos comuns a qualquer vivência da gestação.

psicoativas pelos genitores, estejam ou não em situação de rua, ante a absoluta falta de embasamento científico para tanto (o que apenas confirma tratar-se de pura prática de controle social das classes subalternas)[14].

Não por outro motivo que o próprio Conselho Nacional dos Direitos da Criança e do Adolescente (CONANDA) se posicionou sobre as práticas de retirada compulsória de bebês de mães usuárias de substâncias psicoativas, entendendo-as como discriminatórias, desproporcionais, desnecessárias e violadoras dos direitos da criança e do/a adolescente e reconhecendo que tal medida

> [...] aprofunda a criminalização e penalização da pobreza e da situação de vulnerabilidade social em que se encontram as mães usuárias de substâncias psicoativas, uma vez que a referida determinação [...] não inclui mães usuárias dos sistemas privados de saúde, tampouco as usuárias de drogas lícitas, como o álcool e o tabaco, por exemplo, reforçando, portanto, o estereótipo elitista, conservador e segregatório que fundamenta a política fracassada de "guerra" às drogas e à população pobre usuária de substâncias psicoativas ilícitas. Às mulheres nessas condições, conforme as referidas recomendações e portaria, não é assegurada a aplicação das medidas protetivas previstas no Art. 101 do ECA, respeitados os princípios que regem tais medidas estabelecidos no Art. 100, Parágrafo único, do Estatuto, bem como que "cada criança e adolescente possui uma história de vida e que, portanto, não deve ser privada/o abruptamente desta sem que lhe sejam facultados todos os esforços, previstos em Lei, para que se garanta a prioridade da convivência em sua família de origem e/ou extensa e o fortalecimento dos vínculos familiares e comunitários, resguardando o caráter excepcional de seu acolhimento, conforme estabelece Art. 19 da Lei 8.069/1990.

Por fim, não se pode deixar de anotar que a imensa maioria das decisões que autorizam a institucionalização de crianças, ou mesmo

---

14. Justamente em vista dessa nova compreensão é que a Lei n. 13.257/16 suprimiu do art. 19 do ECA a expressão "em ambiente livre da presença de pessoas dependentes de substâncias entorpecentes" e a substituiu por "em ambiente que garanta seu desenvolvimento integral".

que deferem adoções prematuras, exclusivamente em virtude do uso de drogas pelos genitores (ou da situação de rua em que eventualmente se encontrem), continua se apoiando em uma das maiores salvaguardas para a ilimitada discricionariedade judicial na área da infância e juventude: o princípio do melhor interesse (ou do superior interesse) da criança.

Resgatando a ainda bastante atual lição de Saraiva (2003, p. 27):

> O chamado princípio do superior interesse da criança acaba sendo operado no atual sistema como um verdadeiro Cavalo de Tróia da doutrina tutelar, servindo para fundamentar decisões à margem dos direitos expressamente reconhecidos pela Convenção, adotados por adultos que sabem o que é o melhor para a criança, desprezando totalmente a vontade do principal interessado [...]. A leitura deste princípio, ante a condição de sujeito de direitos conquistada por crianças e adolescentes, só pode ser feita à luz do conjunto das garantias constitucionais e processuais expressamente reconhecidas, sob pena de se ressuscitar a velha doutrina travestida de nova[15].

Tal reflexão, aliás, foi levada a cabo pelo próprio Comitê das Nações Unidas sobre os Direitos da Criança, que, em 2013, editou o Comentário Geral n. 14 especificamente para tratar do princípio do superior interesse da criança, objetivando rechaçar práticas autoritárias que sistematicamente se valem do princípio para lhes conferir legitimidade[16].

Pode-se, então, concluir que, (i) diante da inexistência de embasamento científico para se concluir genericamente pela inaptidão à

---

15. SARAIVA, João Batista Costa. A Quebra do Paradigma da Incapacidade e o Princípio do Superior Interesse da Criança — O "Cavalo de Tróia" do Menorismo. In: *Revista Juizado da Infância e Juventude*, ano 2, n. 3 e 4, Porto Alegre: TJRS, 2003, p. 27

16. Segundo o Comitê: "o entendimento feito por um adulto daquilo que constituiu o interesse superior de uma criança não pode prevalecer sobre o respeito de todos os direitos da criança ao abrigo da Convenção'. Disponível em: https://www.cnpdpcj.gov.pt/direitos-das-criancas/covencao-sobre-os-direitos-da-crianca/interesse-superior-da-crianca-pdf.aspx+&cd=2&hl=pt-BR&ct=clnk&gl=br. Acesso em: 30 nov. 2019.

parentalidade por genitores que façam uso de drogas, e (ii) diante da inexistência de embasamento legal para a institucionalização de crianças e adolescentes e da ausência de hipótese legal de destituição do poder familiar, nestes casos, deve prevalecer o princípio da primazia da família de origem para a garantia do direito fundamental à convivência familiar e comunitária, nos termos do art. 9º da Convenção da ONU sobre os Direitos da Criança e dos arts. 19, § 3º, 23, 39, § 1º, e 100, parágrafo único, inciso X, do Estatuto da Criança e do Adolescente.

Nestes casos, as famílias devem ser encaminhadas para os programas existentes na rede de proteção, que deve se articular para o oferecimento de políticas públicas adequadas e para o esgotamento de todas as possibilidades para manutenção na família de origem.

3. Mães no cárcere

Outro grande desafio rotineiro é a defesa de crianças, adolescentes e suas famílias quando os genitores ou responsáveis estão presos. Assim como as mães em situação de rua e/ou usuárias de substâncias entorpecentes, as mães privadas de liberdade costumam ter contra si a presunção de incapacidade do exercício da maternidade.

Segundo pesquisa feita pelo Instituto Terra, Trabalho e Cidadania (ITTC), o encarceramento feminino aumentou em 656% entre os anos de 2000 e 2016, e das mulheres presas, 74% possuem filhos/as.[17]

Inegável que a prisão da mãe abala a estrutura familiar de forma significativa, uma vez que na maioria dos casos é ela quem confere estrutura financeira e emocional do núcleo doméstico. Sendo então necessário, a partir da prisão, se pensar em como compatibilizar os direitos em questão, especialmente os das crianças e adolescentes envolvidos.

---

17. Disponível em: http://ittc.org.br/wp-content/uploads/2019/09/maternidadesemprisao-aplicacao-marco-legal.pdf. Acesso em: 16 jun. 2019.

Primeiramente, é preciso estabelecer a premissa máxima nestes casos, que é o direito à convivência familiar de crianças e adolescentes, preferencialmente, no seio de sua família de origem, conforme previsão do art. 19 do ECA. Direito este que em situações de mães privadas de liberdade aparentemente se choca com o direito do Estado de puni-la pela prática de um crime supostamente cometido.

O que se pretende demonstrar é que ambos são passíveis de compatibilização, preponderando o dever do Estado de garantir a proteção integral de crianças e adolescentes com prioridade absoluta.

Com relação à prisão cautelar, ou seja, aquela antes do trânsito em julgado da decisão condenatória, nosso ordenamento jurídico sofreu recente alteração sensível à situação de mulheres grávidas, com filhos/as crianças e responsáveis pelos cuidados com pessoas até 6 anos ou com deficiência. Tal alteração veio com o Marco Legal da Primeira Infância, Lei n. 13.257/16, que busca dar princípios e diretrizes para políticas públicas para a primeira infância, por ser nesta fase da vida em que se estruturam as bases fundamentais do desenvolvimento humano, sendo, portanto, primordial o vínculo entre mãe e filho para que os estímulos necessários sejam provocados.

Cumpre destacar que a normativa brasileira tem embasamento nas Regras de Bangkok (Regras das Nações Unidas para o Tratamento de Mulheres Presas e Medidas não Privativas de Liberdade para Mulheres Infratoras), que já traziam como norte a necessidade de soluções que evitassem o encarceramento de mulheres com filhos, preferindo-se penas não privativas da liberdade.

Em fevereiro de 2018, o Supremo Tribunal Federal (STF), no *habeas corpus* coletivo n. 143.641, determinou que a aplicação da prisão domiciliar deveria ser concedida a todas as mulheres nessas condições. Contudo, a decisão foi mais restritiva que a lei. Nos termos propostos pelo relator Ministro Lewandowski incluíram-se exceções nos casos de crimes cometidos com violência ou grave ameaça, contra os descendentes, ou, ainda, em "situações excepcionalíssimas".

Sobre tais situações diferenciadas, o relator limitou-se a pontuar que, nesses casos, os juízes e as juízas devem fundamentar devidamente as decisões contrárias à aplicação do instituto.

Em outubro do mesmo ano, em razão da grande resistência do Poder Judiciário em aplicar o Marco Legal da Primeira Infância, o STF, através do Ministro Lewandowski, manifestou-se novamente, ressaltando que os casos nos quais a mulher tenha sido presa em flagrante levando substâncias entorpecentes para dentro de estabelecimento prisional, tenha sido flagrada na posse de drogas em seu domicílio, seja reincidente, possua antecedentes criminais e/ou eventual passagem pela Vara da Infância, ou a falta de comprovação de trabalho formal, não impedem a aplicação da domiciliar, nem configuram "situação excepcionalíssima".

E, por fim, a Lei n. 13.769/18 alterou o CPP, acrescentando o art. 318-B, adicionando alguns critérios excludentes da possibilidade de aplicação da prisão domiciliar, já aplicados por decisões judiciais, como o crime não ter sido cometido com violência ou grave ameaça à pessoa (o que exclui o tráfico de drogas) nem tenha sido cometido contra seu filho ou dependente.

Ocorre que tais previsões legais dizem respeito à prisão preventiva, havendo lacuna legal para a prisão definitiva, com condenação transitada em julgado. Mas não pode ser outra a interpretação que não a que conclui pela aplicação destas hipóteses também à prisão definitiva, substituindo-se qualquer regime de pena.

Embora a Lei de Execuções Penais preveja em seu art. 83, § 2º, que os estabelecimentos penais femininos devem ter berçário para que as presas possam cuidar dos seus filhos, por no mínimo 6 meses, é certo que esta hipótese só deve ocorrer quando não for o caso de prisão domiciliar ou pena diversa da prisão.

Isso porque o cárcere não é o ambiente mais adequado para o desenvolvimento saudável de crianças, sendo a manutenção da convivência familiar e o fortalecimento de vínculos fora dele as soluções que atendem ao melhor interesse da criança.

E, ainda que não se enquadre a situação da genitora nestas hipóteses legais, sendo o caso de mantê-la no cárcere, é de se ressaltar que não é este fato legítimo para suspensão ou destituição do poder familiar.

O Estatuto da Criança e do Adolescente veda expressamente a destituição do poder familiar exclusivamente em virtude da prisão em seu art. 23, § 2º. Pelo contrário, o próprio Estatuto garante a convivência familiar, através de visitas, aos pais privados de liberdade, na linha do art. 19, § 4º.

Destaca-se que todo o aqui exposto se aplica às mães adolescentes que cumprem medidas socioeducativas.

Assim, devem-se buscar membros da família extensa ou pessoas que a mãe indique, que com ela tenham relação de afinidade e confiança, para que possam exercer os cuidados com a criança durante o período em que estiver presa. Ou, excepcionalmente, recorrer-se ao acolhimento familiar ou institucional na inexistência ou impossibilidade destas pessoas. Garantindo-se nestes casos, inclusive, a manutenção dos vínculos com as visitas. Não se admitindo a suspensão ou destituição do poder familiar exclusivamente em razão da prisão da genitora.

Diante de todo o exposto, concluímos que em nome do direito à convivência familiar, atende ao melhor interesse da criança sua permanência com a genitora na forma aqui trazida, e na impossibilidade, a permanência com a família extensa ou afetiva, e excepcionalmente em acolhimento familiar ou institucional até o retorno da mãe.

4. Conclusão

Temos que a nossa legislação de proteção a crianças e adolescentes é bastante inovadora e satisfatória ao reconhecê-los como sujeitos de direitos. É completa ao delinear tais direitos e trazer mecanismos de efetivação e exercício deles.

Contudo, verificamos que a realidade social não alcançou ainda o avanço da legislação, uma vez que muitos operadores do Direito ainda insistem em práticas e interpretações menoristas pautadas no adultocentrismo.

Exsurge, então, a garantia do direito de defesa de crianças, adolescentes e suas famílias como ferramenta com verdadeira aptidão revolucionária para (re)forçar a consolidação dos pilares da Doutrina da Proteção Integral, no desempenho da qual a Defensoria Pública exerce papel imprescindível.

Muito mais do que possibilitar o exercício do contraditório nas ações em que se busca a aplicação da medida de acolhimento institucional e nas ações de destituição do poder familiar em prejuízo dos/as filhos/as de mulheres em situação de rua e/ou usuárias de drogas e mulheres presas, o exercício do direito de defesa concretiza, simultaneamente, as mais importantes mudanças estruturais promovidas pelo novo paradigma estatutário: (i) a descentralização do Poder Judiciário; (ii) a mínima intervenção do Estado na vida das famílias; (iii) a observância do princípio da não discriminação, sobretudo em decorrência da pertença a determinado estrato social; (iv) o reconhecimento de crianças e adolescentes como sujeitos de direitos e não mais destinatários das decisões dos adultos; (v) a fundamentalidade do direito à convivência familiar e comunitária e, mais especificamente, a garantia da não institucionalização e da primazia da família, base da sociedade, e merecedora de especial proteção (art. 226, CF); e (vi) o melhor interesse utilizado sem visão adultocêntrica.

Adaptando o ensinamento de Adorno[18], a exigência que se faz é que o Menorismo não se repita. E a solução há muito é bradada por Dworkin, na forma do já conhecido imperativo: os direitos — *nesse caso, os direitos da criança e do adolescente* — devem ser levados a sério.

---

18. ADORNO, Theodor. Educação após Auschwitz. Disponível em: https://rizomas.net/arquivos/Adorno-Educacao-apos-Auschwitz.pdf. Acesso em: 15 nov. 2019.

Referências

ABRUZZI, J. C. *A experiência da gestação na perspectiva de gestantes usuárias de crack internadas em uma unidade psiquiátrica de um hospital geral*, 2011. Trabalho de Conclusão de Curso (Bacharelado em Enfermagem) — Escola de Enfermagem, Universidade Federal do Rio Grande do Sul, Porto Alegre, 2011.

BAUMAN, Zygmunt. *Vida para consumo:* a transformação das pessoas em mercadorias. Rio de Janeiro: Zahar, 2008

COSTA, Ana Paula Motta. *Os adolescentes e seus direitos fundamentais:* da invisibilidade à indiferença. Porto Alegre: Livraria do Advogado, 2012.

FOUCAULT, Michel. *Segurança, território, população:* curso dado no Collège de France (1977-1978). São Paulo: Martins Fontes, 2008.

KASHIURA, Celso Naoto. Sujeito de direito e interpelação ideológica. *Revista Direito e Práxis*, Rio de Janeiro, v. 6, n. 10, p. 49-70, 2015.

SARAIVA, João Batista Costa. A quebra do paradigma da incapacidade e o princípio do superior interesse da criança — o "Cavalo de Tróia" do menorismo. *Revista Juizado da Infância e Juventude*, Porto Alegre: TJRS, ano 2, n. 3 e 4, 2003.

SILVA, Giuslane Francisca da Silva; MACHADO JÚNIOR, Sérgio da Silva. O discurso em Michel Foucault. *Revista Eletrônica História em Reflexão*, Dourados: UFGS, v. 8, n. 16, jul./dez. 2014.

STRECK, Lenio Luiz. Hermenêutica, Constituição e autonomia do direito. *Revista de Estudos Constitucionais, Hermenêutica e Teoria do Direito*, v. 1, n. 1, jan./jul. 2009.

TIBURI, Marcia; DIAS, Andréa Costa. *Sociedade fissurada:* para pensar as drogas e a banalidade do vício. Rio de Janeiro: Civilização Brasileira, 2013.

CAPÍTULO 8

Participação popular e controle democrático das Políticas de Infância e Adolescência

Iolete Ribeiro da Silva

Para contextualizar a perspectiva a partir da qual apresento as ideias neste texto, explicito que minha narrativa se constrói a partir de um lugar sócio-histórico e de relações intersubjetivas estabelecidas com diversas pessoas, movimentos e instituições. Os direitos de crianças e adolescentes entraram em minha trajetória de formação desde o ensino médio e graduação em Psicologia nos anos 1980, época em que participei das mobilizações em torno das "Diretas já" e do processo constituinte em Brasília-DF.

Em 1990, ano de aprovação do Estatuto da Criança e do Adolescente, iniciei minha atuação profissional no recém-criado estado do Tocantins. Participei da mobilização pela criação e fui a primeira presidente do Conselho Municipal dos Direitos da Criança e do Adolescente da minha cidade natal — Porto Nacional-TO em 1992. A partir daí atuei em diversos espaços de luta por direitos de crianças e adolescentes, dentre os quais destaco como pontos de referências para essa reflexão sobre participação popular: o Conselho Federal de Psicologia (CFP), de 2004 a 2011 e 2016 a 2019; o Fórum Nacional Permanente de Entidades não Governamentais de Defesa dos Direitos da Criança e do Adolescente (Fórum Nacional DCA), de 2005 a 2011; e o Conselho Nacional dos Direitos da Criança e do Adolescente (CONANDA), de 2017 a 2019.

Os conselhos de psicologia participam das lutas por direitos humanos e democracia desde os anos 1980, tendo na década de 1990 adotado o lema do "compromisso social da psicologia" e desde o início dos anos 2000 defendido a atuação de psicólogas nas políticas públicas (Hur, 2012). A defesa de uma sociedade mais igualitária e a afirmação dos direitos humanos de crianças e adolescentes se expressam na ampla participação, tanto do CFP quanto dos Conselhos Regionais de Psicologia (CRP), nos conselhos de direitos da criança e do adolescente, tais como CONANDA, Conselhos estaduais ou municipais.

Essa mobilização da psicologia em defesa dos direitos da criança e do adolescente norteou o desenvolvimento de uma resistência organizada e fundamentada em ampla discussão e produção acadêmica, em prol de uma pauta afirmativa de direitos nas políticas para a infância e adolescência, com destaque para a luta contra a redução da maioridade penal e o aumento do tempo de internação.

Ao mesmo tempo que almeja na sua prática transformar a realidade, a psicologia foi se transformando e cada vez mais reconhecendo que o trabalho profissional é também político, portanto, não é isento nem neutro. Nossas práticas têm efeitos na sociedade sendo necessário tomar posições. A partir dessa compreensão é que os Conselhos de Psicologia buscaram evoluir na aliança com movimentos sociais e na participação em conselhos, fóruns, conferências e outros espaços de formulação e acompanhamento das políticas públicas de defesa de direitos e luta por políticas públicas universais.

Regimes de poder são (re)produzidos continuamente, o que nos convoca à assunção de posicionamentos políticos de defesa de uma sociedade mais justa, igualitária e democrática. A defesa dos direitos humanos de crianças e adolescentes é parte dessa luta.

A participação social é afirmada nesse contexto como direito humano e como fundamental na promoção de inclusão social, no reconhecimento e respeito à diferença, na cooperação e construção de valores de cidadania. As várias modalidades de participação social, como conselhos, conferências, audiências públicas, são meios de legitimação do processo decisório em todas as etapas da gestão pública. A participação social é necessária para a construção e consolidação de políticas públicas capazes de contemplar nossa imensa diversidade, a partir de princípios que levem em conta os interesses públicos, a equidade social e a justa distribuição de renda, fazendo avançar a democracia.

Partindo dessa compreensão, destacamos a importância de coalizões da sociedade civil como o Fórum Nacional DCA e dos conselhos de direitos, espaços deliberativos da política pública para a infância e adolescência como o CONANDA. Espaços políticos de grandes desafios para a construção de agendas de luta por direitos humanos de crianças e adolescentes.

Existem poucos registros sobre a história do CONANDA e do Fórum Nacional DCA. Esses registros estão muito mais presentes nas memórias dos militantes. Essa história não pode se perder, pois ela demonstra a força da participação popular e da visibilidade para as conquistas alcançadas.

Para avançarmos na reflexão sobre os desafios que a sociedade brasileira deve enfrentar para garantir condições dignas de vida para crianças e adolescentes no país, farei na próxima seção um breve relato sobre a participação popular decisiva para a aprovação do marco legal da proteção integral. Esse é um relato limitado e parcial, sujeito a correções e acréscimos, portanto aberto a reconstruções.

1. Mobilização popular e o Estatuto da Criança e do Adolescente (ECA)

Ao completar 30 anos de aprovação do ECA, o Brasil é convocado a pensar em quais foram as conquistas e identificar os retrocessos. Essa tarefa deve conduzir a compreensão dos desafios que ainda devemos superar para a consolidação dos direitos humanos de crianças e adolescentes.

Rizzini e Pilotti (2011) afirmam que a infância tem sido alvo de interesse de diferentes grupos há muito tempo, no entanto, são perpetuados valores e reproduzidos papéis que cristalizam a infância pobre, vista como perigosa, a quem é reservada a piedade ou a indiferença. Essa representação permanece importante nos dias atuais, uma vez que somente se conseguem justiça social e equidade com repartição de renda, desafio ainda não superado, como podemos constatar nos indicadores sociais da infância e adolescência. Os obstáculos à consolidação de políticas efetivas de proteção integral são diversos e para refletir sobre alternativas à incidência política vamos citar alguns marcos normativos que tornaram possível a aprovação do ECA.

O primeiro Código de Menores aprovado em 1927 não se aplicava a todas as crianças, estava direcionado apenas àquelas que estivessem em "situação irregular" — menores abandonados ou delinquentes (Brasil, 1927). Mas somente durante o Estado Novo (1937 a 1945) foi criado o primeiro órgão federal de assistência à infância e adolescência, o Serviço de Assistência ao Menor (SAM), instituído em 1941 (Rizzini, 2011). O SAM era um órgão do Ministério da Justiça, equivalente a um sistema penitenciário que previa atendimento diferente para o adolescente autor de ato infracional e para o menor carente e abandonado (Perez e Passone, 2010).

Ao passarmos por um período de redemocratização que culminou com a aprovação em 1946 de uma nova constituição, ocorre a volta das instituições democráticas, do pluripartidarismo, da eleição direta para presidente com mandato de 5 anos, da liberdade sindical e do direito de greve (Brasil, 1946). Esses novos ares permitem a demonstração de insatisfações com o SAM que passa a ser considerado repressivo, desumanizante, uma escola do crime.

Entretanto com o Golpe de 1964 o país vive retrocessos novamente e a constituição de 1967 estabelece a presença autoritária do Estado, restringindo liberdades de opinião e expressão e recuando no campo dos direitos sociais (Brasil, 1967). Na área da infância é criada a Fundação Nacional do Bem-Estar do Menor (FUNABEM) e dois documentos indicam o tom da assistência à infância e adolescência nesse período: a Política Nacional do Bem-Estar do Menor (PNBEM) e o Código de Menores de 1979 (Faleiros, 1995). As políticas sociais do período adotam o conceito de "menor em situação irregular", que reunia o conjunto de meninos e meninas classificados numa "infância em perigo" ou numa "infância perigosa".

Na década de 1980, surge um amplo questionamento da noção de irregularidade e movimentos sociais pela infância brasileira se organizam para a defesa de outro paradigma — a proteção integral. Técnicos da Secretaria de Assistência Social, UNICEF e FUNABEM iniciam uma cooperação em busca de alternativas de atendimento a meninos e meninas de rua. Foram realizados uma série de eventos e encontros para identificar experiências de educação social de rua que inovavam no atendimento, e esse compartilhamento de informações ajudou a construir a visão sistêmica que embasou o ECA.

Dentre as experiências identificadas, destacam-se o projeto Meninos e Meninas de Rua de São Bernardo, a Pastoral do Menor/CNBB, o Movimento República do Pequeno Vendedor em Belém-PA, o trabalho com meninas e meninos vendedores de picolé em Jaboatão dos Guararapes-PE, o Movimento em Defesa do Menor em São Paulo-SP, o I Seminário Latino-Americano de Alternativas Comunitárias de Atendimento a Meninos de Rua, realizado em Brasília-DF, em 1984, bem como o crescente engajamento de Universidades.

A constatação de práticas progressistas veio primeiro e depois, a partir da articulação política, foi se produzindo o reconhecimento dos direitos de crianças e adolescentes. Esse movimento fez parte de uma luta pela democratização e justiça que foi potencializada pelo movimento que ficou conhecido como "Diretas já"[1] e pelo processo constituinte[2].

De acordo com Versiani (2010, p. 233), na segunda metade dos anos 1980, "são observados certos princípios que parecem conferir uma identidade comum a diferentes movimentos organizados [...] em torno da luta pró-participação da sociedade na definição dos rumos políticos". No processo constituinte foram apresentadas emendas populares construídas em amplo processo participativo por todo o país. Diversas dessas emendas referiam-se ao tema criança e adolescente e contribuíram para a aprovação de dois artigos importantes para a instituição de uma nova era de direitos.

A Constituição Federal (1988) produziu avanços ao introduzir novo modelo de gestão participativo e descentralizado das políticas sociais e criar os conselhos deliberativos. O artigo 227 reproduziu os princípios da doutrina da proteção integral da Organização das Nações Unidas e assumiu compromisso de garantir às crianças e aos adolescentes direitos fundamentais de sobrevivência, desenvolvimento pessoal, social, integridade física, psicológica e moral, além de protegê-los, de forma especial, com dispositivos legais diferenciados, contra negligência, maus-tratos, violência, exploração, crueldade.

Em março de 1988, realizou-se um encontro, articulado pelo Movimento Nacional de Meninos e Meninas de Rua, de várias entidades não governamentais, que participaram da campanha "Criança Prioridade Nacional". A pauta principal foi a criação de um Fórum Nacional DCA. O Fórum foi protagonista na mobilização para a inclusão dos artigos 227 e 228 e também na aprovação do ECA. Apresentou um anteprojeto de lei e depois foi criado um grupo de redação integrado

1. O "Diretas já" ocorreu em 1983 e 1984 e teve como finalidade a reivindicação por eleições presidenciais diretas no Brasil.

2. O processo constituinte ocorreu de 1987 a 1988.

por juristas, educadores, técnicos e militantes para elaborar, na forma de lei, as propostas recebidas. Estas propostas foram discutidas nos estados e municípios com a participação das entidades, dos meninos e meninas, dos militantes e profissionais. Assim o ECA foi construído a várias mãos e alterou significativamente a forma de intervenção do Estado na vida de crianças e adolescentes.

2. Os Conselhos dos Direitos da Criança e do Adolescente e a arena de lutas em prol da proteção integral

Em 12/10/1991 a Lei n. 8.242 cria o Conselho Nacional dos Direitos da Criança e do Adolescente (CONANDA), principal órgão do sistema de garantia de direitos que, por meio de gestão compartilhada entre governo e sociedade, tem o objetivo de coordenar ações de promoção, proteção e defesa de direitos. Os Conselhos dos Direitos, que também existem na esfera estadual e municipal, têm o objetivo de garantir a participação popular no processo de discussão, deliberação e controle das políticas sociais básicas e demais políticas necessárias à execução das medidas protetivas e socioeducativas.

Conselhos dos Direitos têm tido dificuldades de funcionamento ao longo desses 30 anos. A dependência do apoio administrativo do Executivo afeta as condições de funcionamento dos Conselhos. A burocratização dos processos de organização e funcionamento muitas vezes colocam em primeiro plano aspectos cartoriais, não sobrando muito espaço para discussões políticas.

Para melhor ordenar e orientar as ações destinadas a crianças e adolescentes, estruturou-se o Sistema de Garantia de Direitos (SGD) regulamentado pela Resolução CONANDA n. 113/2006. O SGD é constituído por um conjunto de instâncias compostas por órgãos encarregados de assegurar a implementação das leis de proteção para o segmento social de crianças e adolescentes, nos níveis Federal,

Estadual, Distrital e Municipal. Os três grandes eixos do SGD são: a Promoção, a Defesa e o Controle da efetivação das políticas. Abordamos neste texto, em especial, o eixo do controle social.

O controle social baseia-se na articulação da sociedade civil em Fóruns como forma de organização e de monitoramento das políticas públicas. Este é um espaço essencial de articulação do poder e do saber da sociedade, espaço de debate e de influência na construção de propostas de políticas e estratégias, que fazem avançar as conquistas democráticas e o fortalecimento da articulação com o SGD.

Também foram instituídas as Conferências Municipais, Estaduais e Nacional como os espaços paritários de participação democrática, entre o governo e a sociedade civil, que discutiremos na próxima seção.

3. Conferências Nacionais dos Direitos da Criança e do Adolescente

As conferências de políticas públicas são espaços amplos e democráticos de discussão e articulação coletivas, envolvendo governo e sociedade civil organizada na definição das prioridades nas Políticas Públicas. As conferências dos direitos da criança e do adolescente envolveram ao longo dos anos milhares de pessoas nos estados e munícipios, conselheiros de direitos, conselheiros tutelares, pesquisadores, adolescentes, gestores públicos, parlamentares.

Na medida em que diversos segmentos participam dos debates promovidos nas diferentes etapas de uma conferência — municipal, estadual e nacional —, são compartilhadas experiências, concepções e propostas importantes para a construção de novos sentidos de infância e adolescência, afinados com o marco da proteção integral. Dessa forma, as conferências se convertem em um processo amplo de diálogo e democratização da gestão pública e em um momento em que se confere o que já foi feito e o que precisa ser feito.

A primeira Conferência Nacional da Criança e do Adolescente foi realizada em 1995 e, inicialmente, a cada dois anos foram realizadas em Brasília-DF, sendo precedidas por conferências municipais e estaduais. Ao final do processo são aprovadas as propostas que devem ser prioridade para os governos ao implementarem a política de infância no país.

Sempre que se discute a importância de uma conferência é preciso lembrar que é nesse espaço que a sociedade se manifesta, apontando problemas ainda não resolvidos e avaliando as políticas existentes. É um momento de realização de avaliação da efetividade das políticas e se apontam novos rumos para os gestores públicos.

No Quadro 1 são apresentadas informações sobre todas as Conferências Nacionais dos Direitos da Criança e do Adolescente já realizadas no país. Faremos uma breve análise de cada uma delas.

Não foram publicados os Anais e existem poucos registros sobre a I Conferência Nacional, no entanto, as discussões realizadas nessa primeira conferência forneceram os subsídios para definição das diretrizes nacionais para a política de atenção integral à infância e à adolescência nas áreas de saúde, educação, assistência social e trabalho. Outros objetivos eram fortalecer a articulação entre o CONANDA e os Conselhos Estaduais e Municipais, estabelecer uma pauta nacional de prioridades e aprovar o relatório brasileiro encaminhado às Nações Unidas sobre a implantação da Convenção Internacional.

Foi somente a partir da II Conferência Nacional (1997), que as Conferências passaram a ser convocadas por Resoluções do CONANDA. Essa segunda conferência buscou promover uma ampla mobilização social nas esferas municipal, estadual e nacional para avaliar a situação de implementação dos direitos da população infantojuvenil, como prioridade absoluta, em especial no que se refere a: erradicação do trabalho infantil e proteção ao trabalho do adolescente; violência e exploração sexual; ato infracional e medidas socioeducativas; conselhos tutelares; orçamento público e fundos.

Quadro 1 — Conferências Nacionais da Criança e do Adolescente (1995-2016)

Nº	Tema	Data de realização	Participantes[3]
I	Crianças e Adolescentes — "PRIORIDADE ABSOLUTA"	22 a 25/11/1995	500
II	Crianças e adolescentes — "PRIORIDADE ABSOLUTA"	17 a 20/08/1997	509
III	Uma Década de História Rumo ao Terceiro Milênio	22 a 26/11/1999	1000
IV	Crianças, Adolescentes e Violência	19 a 22/11/2001	1000
V	Pacto pela Paz — uma Construção Possível	01 a 05/12/2003	1200
VI	Controle Social, Participação e Garantia de Direitos — por uma política para crianças e adolescentes	12 a 15/12/2005	1128
VII	Concretizar Direitos Humanos de Crianças e Adolescentes: um investimento obrigatório	03 a 06/12/2007	1509
VIII	Construindo as diretrizes para a política e o plano decenal	07 a 10/12/2009	1707
IX	Mobilizando, implementando e monitorando a política e o plano decenal de direitos humanos de crianças e adolescentes	11 a 14/07/2012	1834
X	Política e Plano Decenal dos Direitos Humanos de Crianças e Adolescentes — fortalecendo os Conselhos dos Direitos da Criança e do Adolescente	24 a 27/04/2016	1500

Fonte: Fórum Nacional DCA e CONANDA (2010); CONANDA (2012); CONANDA (2016).

3. Em alguns Anais das Conferências não há o registro detalhado do número de delegados e demais participantes.

Na III Conferência Nacional (1999) houve uma ampliação significativa da participação, tendo 1000 pessoas entre delegados, observadores e convidados que avaliaram a primeira década de implantação do ECA e os esforços empreendidos em prol da garantia de direitos das crianças e dos adolescentes. Foram identificadas as necessidades de: criação de um sistema de atendimento socioeducativo, investimento na formação de conselheiros de direito e tutelares, integração dos conselhos setoriais, combate à violência decorrente do uso abusivo de drogas, atenção à saúde mental de adolescentes autores de ato infracional, garantia de orçamento público e política de distribuição de renda, programa de erradicação do trabalho infantil, implantação do SIPIA e participação de adolescentes nas conferências (CONANDA, 1999).

A IV Conferência Nacional dos Direitos da Criança e do Adolescente (2001) teve como objetivo promover ampla reflexão sobre a infância e a adolescência e sua relação com a violência. Contou com a participação de 1000 pessoas, sendo 516 Delegados, 40 Observadores e convidados especiais, além de palestrantes e debatedores. Em paralelo à IV Conferência foi realizada a I Conferência Nacional dos Adolescentes, com espaço e metodologia própria. Mas os adolescentes reivindicaram sua participação na categoria de delegados da Conferência Nacional junto aos jovens e adultos.

Esta reivindicação foi incorporada pelo CONANDA, na convocação da V Conferência Nacional, em 2003. A IV Conferência apontou a importância da inclusão do ECA no currículo escolar, em todos os níveis, a articulação entre os Conselhos, o Plano nacional de enfrentamento à violência, exploração e abuso sexual, a Política nacional de prevenção e erradicação do trabalho infantil; é reafirmada a necessidade de criação de um sistema de atendimento socioeducativo e retomada novamente a proposta de implantação do SIPIA.

Na V Conferência Nacional dos Direitos da Criança e do Adolescente (2003) as discussões giraram em torno do protagonismo social a fim de promover a implementação do "Pacto pela Paz", no contexto das relações Estado e Sociedade. Participaram 1.302 pessoas, sendo 822 Delegados (incluindo os adolescentes) e 480 convidados. Na abertura da V Conferência foi entregue pelo Presidente Lula o Plano

Presidente Amigo da Criança, apresentando metas e ações do governo brasileiro para o cumprimento dos compromissos assumidos no documento "Um Mundo para as Crianças". As propostas reafirmaram a necessidade de: articulação entre os conselhos nacionais, garantir a implantação e implementação do Plano Nacional de Enfrentamento à Violência, Exploração e Abuso Sexual de Crianças e Adolescentes e uma Política Nacional de Erradicação do Trabalho Infantil. Também foi discutido que era necessário definir critérios para aplicação das medidas socioeducativas e implantar o SIPIA (CONANDA, 2003).

A finalidade da VI Conferência Nacional dos Direitos da Criança e do Adolescente (2005) foi ampliar a participação e o controle social na efetivação de políticas para a criança e o adolescente. A VI Conferência inovou nos conteúdos temáticos e suas resoluções serviram de instrumento para a definição e implementação de diversas políticas. Houve uma defesa da efetividade do SINASE, foi apontada a necessidade de elaboração de um Plano Nacional de pessoa com deficiência, de Formação permanente dos Conselhos de Direitos e Tutelares e de Fortalecimento dos Fóruns DCAs (CONANDA, 2005).

Concretizar Direitos Humanos de Crianças e Adolescentes: um investimento obrigatório foi o tema da VII Conferência Nacional dos Direitos da Criança e do Adolescente, realizada em 2007. Foram priorizados três pontos: SINASE, que garante aos adolescentes em conflito com a lei uma rede de proteção social que se organiza em ações pedagógicas; Plano Nacional de Convivência Familiar e Comunitária, que reconhece a família como lócus privilegiado para o desenvolvimento e formação da criança e adolescentes como cidadãos; e Orçamento Criança, que remete à constatação de que não se pode falar em direito sem ter orçamento para tal (CONANDA, 2007).

A VII Conferência tornou-se um marco na história das conferências dos direitos da criança e do adolescente pelo seu caráter deliberativo, uma vez que as anteriores possuíam o *status* de recomendação. Participaram 1.500 pessoas, sendo 1.200 delegados. É importante destacar ainda a ampliação do protagonismo infantojuvenil com o aumento de 50% na proporção do número de delegados adolescentes em relação ao de adultos. Pela primeira vez Juízes, Promotores e Delegados participaram das conferências municipais, distrital e estaduais e foram eleitos como delegados (CONANDA, 2007).

Analisar, definir e deliberar as diretrizes da Política Nacional dos Direitos da Criança e do Adolescente com vista à elaboração do Plano Decenal foram os objetivos da VIII Conferência Nacional realizada em 2009 (CONANDA, 2009).

A IX Conferência Nacional dos Direitos da Criança e do Adolescente (2012) intencionou mobilizar os diversos atores do Sistema de Garantia de Direitos e a população em geral para implementar e monitorar a Política Nacional e o Plano Decenal dos Direitos Humanos de Crianças e Adolescentes (CONANDA, 2012). A construção da política nacional já havia sido debatida na Conferência anterior, mas foi em 2012 que se avançou com a aprovação dessas propostas.

Política e Plano Decenal dos Direitos Humanos de Crianças e Adolescentes continuaram no centro do debate na X Conferência Nacional (2016), propondo-se garantir sua implementação a partir do fortalecimento dos conselhos de direitos (CONANDA, 2016).

A XI Conferência Nacional dos Direitos da Criança e do Adolescente, com o tema "Proteção Integral, Diversidade e Enfrentamento das Violências", foi convocada em 21/11/2017 por meio da Resolução n. 202/2017 do CONANDA com previsão de realização em outubro de 2019, o que efetivamente não ocorreu. Diversos estados e municípios realizaram as conferências estaduais, municipais e distrital, mas o governo federal não cumpriu a resolução do CONANDA e não garantiu as condições necessárias para esse processo.

4. Conjuntura atual e perspectivas futuras: um convite à luta

Passadas três décadas da promulgação da Constituição Federal (1988), da adesão do Brasil à Convenção dos Direitos da Crianças da Organização das Nações Unidas (1989) e da aprovação do Estatuto da

Criança e do Adolescente — ECA (1990), os Conselhos dos Direitos de Crianças e Adolescentes e os fundos da infância da adolescência estão em risco na conjuntura atual.

Em 4 de setembro de 2019[4], o Presidente da República, Jair Bolsonaro, cassa os mandatos dos conselheiros legitimamente eleitos para o CONANDA, gestão 2019-2020, e anuncia um novo modelo de conselho, não previsto em lei. Nesse novo modelo não existe paridade, não existe autonomia, pois é o governo quem escolhe as instituições da sociedade civil que integrarão o conselho, ferindo o direito constitucional à participação popular.

Essa medida é uma violação ao princípio da democracia participativa, oriundo da Constituição Federal. Conforme expressa a nota em defesa do CONANDA publicada pela CNBB (2019): "O governo não pode agir sozinho. A sociedade civil tem que participar. [...] Os clamores do povo, suas necessidades e a sensibilidade social vêm exatamente dessa participação e impactam a formulação das políticas públicas".

Em menos de um ano de governo Bolsonaro a Constituição Federal já recebeu mais de 100 propostas de emendas, e o ECA, da mesma forma, já sofreu incontáveis alterações desde a sua aprovação. Versiani (2010, p. 250) argumenta que "o debate sobre o presente e o futuro do ordenamento jurídico do país não está encerrado. Nunca estará. Novas análises e proposições de alternativas são necessárias e salutares à democracia". Entretanto, essas mudanças na Constituição Federal e no ECA não podem, numa democracia, ocorrer sem debate público e diálogo com movimentos sociais.

Crianças e adolescentes são os mais afetados em momentos de crise. Os efeitos são visíveis no aumento do número de crianças e adolescentes em situação de pobreza. São preocupantes os retrocessos no âmbito da educação com redução de investimentos, oposição à discussão sobre igualdade de gênero, propostas do governo de educação

4. Decreto Presidencial n. 10.003, de 04 de dezembro de 2019.

domiciliar e militarização das escolas. A ampliação do apoio a projetos que reduzem a maioridade penal e a diminuição dos investimentos na saúde afetam diretamente as crianças e os adolescentes e ampliam a vulnerabilidade dessa parcela da população. Estes são alguns dos retrocessos observados na atualidade.

Essa conjuntura exige mais uma vez a unidade na luta. Assim como ocorreu no final dos anos 1980, foi a unidade que permitiu a aprovação da Constituição Federal e do ECA, e é a convergência na defesa da democracia e dos direitos humanos que pode fortalecer a luta neste momento. A consolidação dos direitos humanos no Brasil é ainda uma luta em curso, merecedora da perseverança e obstinação de todos os que acreditam que um mundo melhor para todos é possível.

Referências

BRASIL. Decreto n. 17.943-A, de 12 de outubro de 1927. Consolida as leis de assistencia e protecção a menores, 1927.

BRASIL. Constituição dos Estados Unidos do Brasil, de 18 de setembro de 1946.

BRASIL. *Constituição da República Federativa do Brasil*. Brasília: Presidência da República, 1967. Disponível em: http://www.planalto.gov.br/ccivil_03/Constituicao/Constituicao67.htm. Acesso em: 1º out. 2019.

BRASIL. Constituição da República Federativa do Brasil, de 17 de outubro de 1969.

BRASIL. Assembleia Nacional Constituinte. Emendas populares. v. 258, 1988a.

BRASIL. Constituição da República Federativa do Brasil, 1988b.

BRASIL. Estatuto da Criança e do Adolescente, 1990.

CNBB. *Nota sobre os conselhos paritários*. Brasília, 19 set. 2019.

CONANDA. CONFERÊNCIA NACIONAL, 9., 2012, Brasília. *Anais* [...]. Brasília, 2012.

CONANDA. CONFERÊNCIA NACIONAL, 10., 2016, Brasília. *Anais* [...]. Brasília, 2016.

FALEIROS, V. P. Infância e processo político no Brasil. *In*: PILOTTI, F.; RIZZINI, I. (org.). *A arte de governar crianças*: a história das políticas sociais, da legislação e da assistência à infância no Brasil. Rio de Janeiro: Instituto Interamericano del Niño, 1995. p. 49-98.

FÓRUM NACIONAL DCA; CONANDA. *Um balanço das conferências nacionais dos direitos da criança e do adolescente*. Brasília: CONANDA, 2010.

HUR, D. U. Políticas da psicologia: histórias e práticas das associações profissionais (CRP e SPESP) de São Paulo, entre a ditadura e a redemocratização do país. Psicologia USP, 23(1), p. 69-90, 2012.

PEREZ, José Roberto Rus; PASSONE, Eric Ferdinando. Políticas sociais de atendimento às crianças e aos adolescentes no Brasil. *Cad. Pesqui.*, São Paulo, v. 40, n. 140, p. 649-673, ago. 2010.

RIZZINI, Irene; PILOTTI, Francisco (org.). *A arte de governar crianças*: a história das políticas sociais, da legislação e da assistência à infância no Brasil. 3. ed. São Paulo: Cortez, 2011. p. 97-149.

RIZZINI, Irma. Meninos desvalidos e menores transviados: a trajetória da assistência pública até a Era Vargas. *In*: RIZZINI, Irene; PILOTTI, Francisco (org.). *A arte de governar crianças*: a história das políticas sociais, da legislação e da assistência à infância no Brasil. 3. ed. São Paulo: Cortez, 2011. p. 225-286.

VERSIANI, Maria Helena. Uma República na Constituição (1985-1988). *Rev. Bras. Hist.*, São Paulo, v. 30, n. 60, p. 233-252, 2010.

CAPÍTULO 9

Educação em Direitos Humanos, Participação e o Estatuto da Criança e do Adolescente

Francisca Rodrigues Oliveira Pini
Maria Liduína de Oliveira e Silva

1. Processo Histórico da Educação em Direitos Humanos

Desde a transição para a democracia, após o golpe civil-militar (1964-1985), o Brasil passou por diferentes crises econômicas e políticas que tiveram rebatimentos na esfera social.

A década de 1990, a qual se lançava como o período dos direitos, foi devastadora no campo dos direitos sociais e econômicos, em face da ofensiva neoliberal que impactou todos os países da América Latina, de modo particular, o Brasil, pelo fato de ter conquistado no marco jurídico os direitos básicos como saúde, educação, assistência social, esporte, cultura e lazer e, na realidade, o alcance dos direitos conquistados não se efetivou e tampouco foi universal.

Neste contexto político foi aprovado o Estatuto da Criança e do Adolescente, Lei n. 8.069/90, fruto da luta social dos anos de 1980, rompendo com o paradigma da situação irregular e inaugurando a doutrina de proteção integral.

Os diferentes espaços construídos com e pelas infâncias e adolescências poderiam contribuir com a efetivação da Educação em Direitos Humanos, em especial, no que diz respeito à educação para a democracia (Benevides, 1996).

Esta inovação de conceber a criança como sujeito de direitos e participativo poderia ter permitido ao Brasil a efetivação das recomendações internacionais da ONU para o cumprimento da Convenção Internacional dos Direitos da Criança, de 1989, da qual é signatário, principalmente nos itens relacionados à participação ativa.

As recomendações internacionais para que o Brasil promovesse a participação da criança e do adolescente e o investimento na construção da educação para a democracia fazem parte da luta histórica do Movimento dos Direitos Humanos.

Além destas recomendações em âmbito internacional, há, no ECA, em seu artigo 16, "o direito à liberdade de opinião e expressão, de participar da vida política" e, em seu artigo 53, "o direito à educação, visando ao pleno desenvolvimento de sua pessoa, preparo para o exercício da cidadania e qualificação para o trabalho assegurando o direito de organização e participação em entidades estudantis".

É importante destacar que o direito à participação está em consonância com o Plano Nacional de Educação em Direitos Humanos (PNEDH/2006) nas ações programáticas previstas no eixo da educação básica, em especial as que abordam diretamente a questão da participação da criança e do adolescente:

4 — Desenvolver uma pedagogia participativa que inclua conhecimentos, análises críticas e habilidades para promover os direitos humanos.
11 — favorecer a inclusão da Educação em Direitos Humanos nos projetos político-pedagógicos das escolas, adotando as práticas pedagógicas democráticas presentes no cotidiano.
17 — incentivar a organização estudantil por meio de grêmios, associações, observatórios, grupos de trabalhos, entre outros, como forma de aprendizagem dos princípios dos direitos humanos, da ética, da convivência e da participação democrática na escola e na sociedade.
21 — dar apoio técnico e financeiro às experiências de formação de estudantes como agentes promotores de direitos humanos numa perspectiva crítica.

Este olhar insurgente para a infância e adolescência ao longo dos 30 anos foi disputado como narrativa dentro do Estado brasileiro e no conjunto da sociedade. A doutrina de proteção integral como concepção tem sido determinante para as disputas de sua inclusão na gestão pública, nos processos que decidem as políticas sociais referentes a crianças e adolescentes e, fundamentalmente, para disputar a mudança cultural e política na sociedade.

No entanto, os avanços em relação à participação de crianças e adolescentes nos processos públicos nesses 30 anos são tímidos. Isso porque a sociedade brasileira é colonizadora, oligárquica, violenta e autoritária com a infância e a adolescência, defendendo ainda a lógica moralizadora e da punição e não da educação. Todos os dias, a mídia reproduz o discurso de uma nação ordeira, generosa e pacífica. Mas a violência que assola o cotidiano da população não é algo episódico, ela responde às realidades de um Brasil que se estruturou por meio de relações de tutela e do favor (Chaui, 2005).

Isso explica parcialmente por que não está disseminada a ideia nem a prática da representação política de defesa do bem coletivo entre a população, para que a esfera pública passe a se constituir como pública e para que sejam fundados os pilares de uma sociedade democrática e que defenda os direitos humanos.

> Fundada na noção de direitos, a democracia está apta a diferenciá-los de privilégios e carências. Um privilégio é, por definição, algo particular que não pode generalizar-se nem universalizar-se sem deixar de ser privilégio. Uma carência é uma falta também particular ou específica que desemboca numa demanda também particular ou específica, não conseguindo generalizar-se nem universalizar-se. Um direito, ao contrário de carências e privilégios, não é particular e específico, mas geral e universal, seja porque é o mesmo e válido para todos os indivíduos, grupos e classes sociais, seja porque embora diferenciado é reconhecido por todos (Chaui, 2005, p. 25).

Conquistou-se um sistema normativo nacional e internacional dos direitos da criança e do adolescente como parte do sistema de direitos humanos: às pessoas com idade até 18 anos são asseguradas prioridade absoluta na formulação de políticas sociais diante da condição peculiar de pessoa em desenvolvimento. Ou seja, é exigível, não só da família, mas, sobretudo, da sociedade e do Estado, o dever de:

> assegurar à criança e ao adolescente, com absoluta prioridade, o direito à vida, à saúde, à alimentação, à educação, ao lazer, à profissionalização, à cultura, à dignidade, ao respeito, à liberdade e à convivência familiar e comunitária, além de colocá-los a salvo de toda forma de negligência, discriminação, exploração, violência, crueldade e opressão (art. 227, da CF).

O paradigma da prioridade absoluta que concebe crianças e adolescentes como sujeitos de direitos não se efetivou em sua totalidade, dado o projeto neoliberal vigente, o qual exprime a financeirização do Estado, a privatização das políticas sociais, a precarização do emprego/trabalho, a criminalização da questão social e dos movimentos sociais, a responsabilização dos indivíduos e das famílias e acentuada desigualdade social. Estas expressões afetam frontalmente o projeto de proteção integral, na medida em que o Estado que deveria ser o responsável pela garantia dos direitos sociais e equacionar a desigualdade social é o principal violador.

Conforme Iamamoto (2001, p. 16-17):

> A questão social diz respeito ao conjunto das expressões das desigualdades sociais engendradas na sociedade capitalista madura, impensáveis sem a intermediação do Estado. Tem sua gênese no caráter coletivo da produção, contraposto à apropriação privada da própria atividade humana — o trabalho — das condições necessárias à sua realização, assim como de seus frutos. É indissociável da emergência do "trabalhador livre", que depende da venda de sua força de trabalho como meio de satisfação de suas necessidades vitais. A questão social expressa, portanto, disparidades econômicas, políticas e culturais das classes sociais, mediatizadas por relações de gênero, características étnico-raciais e formações regionais, colocando em causa as relações entre amplos segmentos da sociedade civil e o poder estatal.

Como expressão de um Brasil desigual, social e culturalmente, as relações de gênero e étnico-raciais são impactadas diretamente, pois a questão da classe social perpassa todas as relações sociais. No entanto, esse debate é atravessado por contradições sociais, que, junto às classes sociais, hierarquizam as relações sociais. Trata-se, portanto, de relações sociais nas quais capitalismo, racismo e patriarcado estão entrelaçados, alimentados simbioticamente na relação opressão-exploração (Saffioti, 2013). Em outras palavras, racismo e patriarcado possibilitam uma intensa reprodução da exploração capitalista de classe.

Desse modo, os sujeitos, na perspectiva histórica e no interior das classes, e diante dos processos sociais, se expressam, se manifestam e constroem explicações sobre a realidade para promoverem a visibilidade de opressões e explorações com vista à sua superação.

No sentido de visibilizar as opressões e explorações contra as mulheres e promover um amplo processo de responsabilização e o conhecimento das violências, o movimento social conquistou, em 2006, a Lei Maria da Penha (Lei n. 11.340/06), por entender que a violência por motivações de gênero impacta mulheres, mas também crianças e adolescentes que presenciam e são alvos dessa violência, o que lhes causa graves consequências para o seu desenvolvimento cognitivo, afetivo e social, vindo à tona na escola e em outros espaços de socialização.

Em face da gravidade dos crimes contra o gênero feminino, o governo brasileiro, fruto da luta social, publicou a Lei do Feminicídio (Lei n. 13.104/2015), que tipificou como crime as violências cometidas contra mulheres por motivações de gênero.

Na mesma direção, o Movimento Social Negro protagonizou a luta pelas "Diretrizes Curriculares Nacionais para a Educação das Relações Étnico-Raciais e para o Ensino da História e Cultura Afro-Brasileira e Africana" e o Ministério da Educação publicou a resolução do Conselho Nacional de Educação, conforme o *Diário Oficial da União*, de 22 junho de 2004.

No campo da Educação em Direitos Humanos, a educação das relações étnico-raciais objetiva a difusão do conhecimento da história afro-brasileira e africana e a produção de novos conhecimentos, que contribuem com o reconhecimento da pluralidade étnico-racial, valorização de identidade cultural, respeito e alteridade na convivência humana.

No Brasil, crianças e adolescentes negros são vítimas da violência do Estado e da sociedade. Por isso, a abordagem histórico-crítica de Educação em Direitos Humanos considera os diferentes projetos societários em disputa e, como estratégia de luta, a classe trabalhadora deve reconhecer que no seu interior há as opressões em maior proporção à população negra e, assim, ter também como bandeira de luta o antirracismo.

Nessa direção, a Educação em Direitos Humanos, nesse período, vem disputando a concepção de educação emancipadora, que educa com sentidos e significados, tendo a realidade como ponto de partida e os valores da pluralidade, da justiça social, da democracia, da ética e da liberdade como referência da convivência e da sociabilidade, em todas as esferas das relações sociais (Pini; Adriano, 2011).

2. Políticas sociais e o Estatuto da Criança e do Adolescente (ECA)

> O que precisa ser confrontado e alterado fundamentalmente é todo o sistema de internalização, com todas as suas dimensões, visíveis e ocultas. Romper com a lógica do capital na área da educação equivale, portanto, a substituir as formas onipresentes e profundamente enraizadas de internalização mistificadora por uma alternativa concreta e abrangente (Mészáros, 2005, p. 47).

Concordando com o autor, somente uma sociedade anticapitalista será capaz de trazer para o âmbito das relações sociais transformações que rompam com a concepção de que os filhos e as filhas da classe trabalhadora não terão acesso à riqueza socialmente produzida pela humanidade, pois os estratos sociais a que pertencem não têm mérito para tal acesso.

Por isso, na trincheira da redemocratização, as conquistas advindas das lutas sociais asseguraram do ponto de vista jurídico, da Constituição Federal, Lei Orgânica da Saúde, Estatuto da Criança e do Adolescente — ECA, Lei Orgânica da Assistência Social — LOAS e Lei de Diretrizes e Bases da Educação Nacional — LDB o princípio da prioridade absoluta, sem distinção de classe, raça/etnia, orientação sexual, gênero. Essa conquista jurídica não teve concretude na realidade, pois não houve a mudança cultural, política e social no Estado brasileiro e na sociedade.

As novas estratégias formuladas pelas lideranças e movimentos sociais, na década de 1990, como parte da disputa política de alguns processos, como: participação em Conselhos, assunção de cargos nos executivos, assessoria de parlamentares, a institucionalização de alguns movimentos, atuação em redes, construção de agendas comuns e a correlação de forças para assumir a condução política do Movimento dos Direitos Humanos de Crianças e Adolescentes, fizeram parte de um momento político que nos evidenciou o quanto o capitalismo é perverso e se estrutura para que os projetos societários que se opõem sejam derrotados.

Tendo como referência a Constituição Federal de 1988 para cá, foi vivenciado um ensaio da participação popular, o que possibilitou a conquista de importantes marcos legais e de várias políticas sociais que reconhecem no texto legal da proteção integral crianças e adolescentes como sujeitos de direitos, mas não venceu a disputa dos orçamentos nem a trincheira cultural, sendo essas as maiores barreiras da não implementação do ECA.

A concepção de democracia conquistada em 1988, na prática, não transcende o direito ao voto, visto que os canais de participação tiveram e continuam tendo baixa incidência política e esvaziamento por parte do Estado no que se refere a elaboração/orçamento/fundo de políticas sociais e ao controle das ações do Estado.

As novas concepções trazidas por estas legislações apontavam caminhos para a elaboração/orçamento/fundo de políticas sociais públicas integradas, articuladas e que percebessem a heterogeneidade de necessidades da população. Neste sentido, as novas concepções sustentavam que a elaboração e execução das políticas sociais deveriam partir da realidade social, mas como se trata de disputas de projetos de classe os interesses políticos de governantes, geralmente, baseados na autopromoção, obtiveram êxito nesse processo.

Os documentos legais colocaram a família na centralidade da proteção social do Estado, mas, na prática, as famílias passaram a ser responsabilizadas por ausência de recursos materiais em relação aos seus filhos, passando a ser punidas em caso de descumprimento dos seus deveres em relação ao cuidado e à proteção. Destaca-se, aqui, que o número de crianças e adolescentes em abrigos totalizava 47 mil em janeiro de 2018, conforme Observatório do Terceiro Setor. Este dado nos revela a falta de políticas sociais para as famílias e merece destaque na reflexão, tendo em vista a nossa dificuldade em romper com os preconceitos em relação à família, principalmente as oriundas da classe trabalhadora, vindo sempre primeiro o julgamento moralista.

Nesse debate, Sposati (2013) reflete que na sociedade do capital, a proteção social, se destina aos "indivíduos considerados improdutivos [...]. Neste ambiente, a proteção social é estigmatizada no conjunto da ação estatal e, por consequência, esse estigma se espraia àqueles que usam de suas atenções e até mesmo, a quem nela trabalha" (p. 656).

Na desigual sociedade brasileira, conforme dados divulgados em outubro de 2019, pelo Instituto Brasileiro de Geografia e Estatística (IBGE), na Pesquisa Nacional por Amostra de Domicílios (Pnad), vê-se que o Índice Gini, o qual mede a concentração de renda, apontou que entre 2017 e 2018, a renda média dos 30% que ganham menos de um mínimo caiu e a renda do 1% que ganha acima de 27,7 mil subiu para 8,4%. Isso retrata o abismo produzido pelo sistema capitalista entre a classe dominante e a classe trabalhadora e como consequência interrompe ciclos de vida.

Durante três décadas, as políticas sociais foram privatizadas processualmente: a saúde, a educação e a assistência social, mas o Estado se manteve no controle das ações. No entanto, parte dos serviços foi colocada para ser ofertada, por meio do cofinanciamento entre Estado e Organizações da Sociedade Civil (OSC).

Diante desse cenário de desmonte, houve avanços em termos de marcos legais que provocaram as instituições do Estado a romperem com velhos paradigmas.

Na educação, em 2007, foi aprovada a Lei n. 11.525/07, que orienta o estudo do ECA na escola, no currículo do ensino fundamental. Isso possibilitou alguns sistemas de ensino promoverem mudanças nos projetos político-pedagógicos e inclusão de conteúdo do ECA problematizando os direitos da criança e do adolescente, adotando, desse modo, a práxis da educação em direitos humanos. Podem-se enumerar algumas: experiências consolidadas, como na Rede Municipal de Educação de São Paulo (2004 e 2012), Osasco (2008), Sorocaba (2009), todas elas tiveram a assessoria do Instituto Paulo Freire, para assegurar no currículo da escola o princípio da prioridade absoluta. Trazer o ECA como parte do currículo da escola exigiu mudanças nas estruturas dessas redes de ensino. No entanto, a Educação em Direitos Humanos não se efetiva por decreto, mas a partir da apreensão da concepção. As mudanças ocorreram no processo, no desenvolvimento metodológico, nas atitudes e posturas. Para que houvesse a consolidação das mudanças, ela precisava ser política de Estado e não apenas de alguns governos que se identificavam com a concepção de infância subjacente ao ECA.

Outro exemplo é a política de saúde, a qual construiu, no campo do direito à vida e à saúde, a assistência materno-infantil, com serviços também à gestante, às mulheres em fase de amamentação ou que estão em trabalho de parto. O Brasil formulou ações para o enfrentamento da violência e da exploração sexual contra crianças e adolescentes, mas esta grave violação continua presente.

A Política de Assistência Social aprovou o Sistema Único de Assistência Social, em 2005, mediante um reordenamento da lógica de gestão de serviços, programas, projetos e benefícios dos níveis de proteção, das formas de planejamento, da construção de um fundo próprio para o financiamento da assistência social, da ampliação dos mecanismos e espaços de controle democrático e da priorização da formação permanente e de qualidade para os/as trabalhadores/as envolvidos/as. Nesta política, os direitos são como parte do processo de reprodução social, compreendidos como uma construção coletiva construída pela ação humana e histórica de que estes direitos não são dados, e sim conquistados por aqueles e aquelas que vivem em situação de opressão, violação e invisibilidade social.

A dimensão da Educação em Direitos Humanos na Política de Assistência Social exige um olhar profissional para a população na sua dimensão ontológica, não como meros usuários atrás de benefícios, mas como sujeitos históricos e com possibilidades de mudar a realidade opressora e de se constituir como sujeitos históricos de seu tempo.

> Possibilidades essas que revelam horizontes para a formulação de contrapropostas profissionais no enfrentamento da questão social, solidárias

> com o modo de vida e de trabalho que vivenciam, não só como vítimas da exploração e da exclusão social, mas como sujeitos que lutam, por isto, pela preservação e/ou reconquista de sua humanidade, pela construção, na prática da vida social cotidiana, de seu direito de ter direitos e de homens e de cidadãos (Iamamoto, 2015, p. 196).

Desse modo, as relações precisam ser éticas, de respeito e de alteridade, partindo dos/das gestores/as públicos e do conjunto de trabalhadores/as da Política de Assistência Social. O sujeito passará a ser percebido como sujeito de direitos, em política garantidora de direitos. Sonha-se com isso, onde nascerão dessa construção diálogos fecundos sobre as diversas violações de direitos e como cada um poderá se organizar para o exercício ativo da participação. Os direitos só existem pela contínua luta dos sujeitos políticos buscando o reconhecimento de suas necessidades ao longo da história de forma coletiva.

3. A participação de crianças e adolescentes na construção social

É possível afirmar que o Movimento Nacional de Meninos e Meninas de Rua (MNMMR) ficou conhecido como o movimento social centrado na defesa dos direitos de crianças e adolescentes das classes populares, que se originou de uma articulação de grupos de educadores/as e outros profissionais, no ano de 1985 (Pini, 2006). O diferencial desse Movimento era sua articulação de base, e a cada dois anos realizava-se encontro nacional, com representantes das crianças e adolescentes de todos os estados, para compartilhar as graves violações e apontar estratégias de enfrentamentos com as crianças e adolescentes.

É evidente que esse Movimento não só mobilizou uma geração para a defesa e promoção dos direitos, como também foi o mais expressivo das décadas de 1980 e 1990, no que se refere à realização de ações que promoveram a participação de crianças e adolescentes nos processos coletivos públicos.

Esse processo de participação de crianças e de adolescentes foi se fortalecendo gradativamente, visto que conquistou uma dimensão política, tanto no nível do movimento social, como no principal órgão de Estado, o qual foi criado para a formulação de políticas sociais para a infância e a adolescência, os Conselhos dos Direitos da Criança e do Adolescente, que, desde 1994, vêm realizando conferências com participação da sociedade civil e poder público e, a partir de 1999, em alguns cantos do Brasil, deram início às conferências lúdicas, com a participação exclusiva de crianças e adolescentes, sendo, neste mesmo ano, aprovada na Conferência Nacional dos Direitos da Criança e do Adolescente uma resolução para que as próximas conferências fossem precedidas das conferências lúdicas.

Os Conselhos dos Direitos, órgãos criados nas três esferas para formularem e deliberarem sobre as políticas sociais para a infância e adolescência, representam uma nova concepção de gestão da política social para esse segmento. Este exercício de autonomia relativa do poder local, em relação ao poder central, demarca a base do município como o espaço onde irão se construir as relações que envolvem o Estado e sociedade civil.

A participação social com caráter deliberativo em espaços públicos é uma conquista das três últimas décadas. Os Conselhos dos Direitos e os Conselhos Tutelares são órgãos criados a partir do ECA. Os primeiros para formular políticas sociais e os segundos para zelar pelo cumprimento dos direitos da criança e do adolescente e subsidiar, com dados da realidade, os Conselhos dos Direitos, que expressam uma conquista do novo ordenamento jurídico social.

No contexto da participação, as conferências, como espaço de discussão política para promover a efetiva participação da sociedade civil na avaliação e proposição das ações que efetivem, garantam e promovam os direitos da criança e do adolescente, foram conquistadas e passaram a ser realizadas nas instâncias nacional, estadual e municipal.

Somente a partir da II Conferência Nacional dos Direitos da Criança e do Adolescente, realizada em 1997, houve participação dos governos e representantes da sociedade civil, em particular, dos Fóruns de Defesa dos Direitos da Criança e do Adolescente. Esta Conferência teve como temas: prevenção e erradicação do trabalho infantil e proteção no trabalho do adolescente; violência e explorações sexuais contra crianças e adolescentes; ato infracional e medidas socioeducativas, conselhos tutelares e fundos dos direitos da criança e do adolescente.

Cabe ressaltar que as Conferências Nacional e Estaduais passaram a ser precedidas por Conferências Municipais, a partir da II Conferência Nacional.

No ano de 1999, o município de São Paulo ousou na sua III Conferência Municipal dos Direitos da Criança e do Adolescente, quando priorizou, com antecedência, a participação de crianças e adolescentes. A conferência das crianças e dos adolescentes foi denominada Conferência Lúdica, por compreender que os participantes se utilizaram de diversas expressões para se comunicarem, não apenas a fala e a escrita. A riqueza desse momento foi histórica, já que as linguagens eleitas pelas crianças e adolescentes foram: poesia, música, dança, teatro, mímica, por meio das quais expressaram a alegria, a esperança, a brincadeira, a indignação e o sonho de um mundo melhor.

Vários adolescentes do município de São Paulo participaram da III Conferência Estadual dos Direitos da Criança e do Adolescente. Três deles foram escolhidos para participar da III Conferência Nacional dos Direitos da Criança e do Adolescente.

Essa forma que o município de São Paulo encontrou para garantir o direito de participação das crianças e dos adolescentes teve repercussão nacional. Tanto que, na III Conferência Nacional — realizada em 1999 e que teve como tema "Uma Década de História, Rumo ao Terceiro Milênio" —, educadores e educadoras, participantes de todo o Brasil, receberam calorosamente a proposta apresentada pelos adolescentes. Também, por unanimidade, aprovaram a orientação de que deveria ser garantida a participação dos adolescentes nas próximas conferências.

Na III Conferência Nacional, o CONANDA construiu um instrumental de avaliação para os municípios registrarem dados com relação às políticas sociais básicas, instâncias e mecanismos jurídicos sociais. O objetivo desse instrumental era traçar um diagnóstico do atendimento à infância e à adolescência em todos os estados. Infelizmente, não houve sucesso nessa ação, devido ao curto prazo que os municípios tiveram para responder ao instrumental.

Entretanto, considerando os avanços em termos históricos, pode-se destacar que houve um salto de qualidade em termos de participação na III Conferência Nacional. Gradativamente um maior número de pessoas aproximou-se das reflexões relativas ao direito da infância e da adolescência.

Nas conferências posteriores, alguns estados e municípios realizaram conferências com a participação de crianças e adolescentes, mas, em geral, esse processo de participação política desde a infância não foi desenvolvido, pois o princípio da prioridade absoluta não foi assimilado.

4. Considerações finais

As políticas neoliberais, por si sós, suprimem a dinâmica local direcionada à transformação social, como observada na Educação em Direitos Humanos, na participação popular e no ECA. A privatização das esferas do Estado e a redução de políticas sociais têm acirrado a destruição de direitos sociais e humanos, uma vez que a luta pela vida ganha contornos da violência do Estado, que se dá pela desestruturação das oportunidades e possibilidades de melhoria de vida.

Um exemplo dessa relação desigual foi a aprovação da Emenda Constitucional n. 95/2016, a qual impôs o congelamento por 20 anos do investimento público na área social, o que coloca gerações inteiras sem nenhum direito social.

No Brasil, o Fundo Público sempre foi moeda de troca do Estado com o grande capital e, ao mesmo tempo, campo de disputa política no âmbito da sociedade, como aponta Evilásio Salvador (2010).

O sistema de justiça com baixa atuação no campo da defesa dos direitos da criança e do adolescente. Os episódios de assassinatos, chacinas e violências, por vezes, praticados pelo Estado, como o ocorrido, no dia 1º de dezembro de 2019, em Paraisópolis, na capital paulista, com nove mortes de adolescentes, demonstra a não garantia da proteção integral de crianças e adolescentes.

Em três décadas da promulgação do Estatuto da Criança e do Adolescente, mesmo com a ausência do Estado na garantia e promoção dos direitos da criança e do adolescente, houve e há resistências espalhadas pelas cinco regiões do Brasil. São diversos coletivos jovens que surgiram dessa geração do ECA para continuar a travessia e a lutar por direitos, a ampliar e a exigir a responsabilização do Estado.

Assim, a apreensão da totalidade social é condição para analisarmos os determinantes sociais, políticos e econômicos, e formularmos respostas com as crianças e adolescentes, como canta o poeta Gonzaguinha:

> *[...]*
> *Eu vou à luta com essa juventude*
> *Que não corre da raia*
> *A troco de nada*
> *Eu vou no bloco*
> *Dessa mocidade*
> *Que não tá na saudade*
> *É constrói a manhã desejada.*

Sem a pretensão de esgotar essa reflexão, conclui-se que é preciso ampliar as lutas sociais e promover canais de participação com crianças, adolescentes e jovens, e construir estratégias que possam romper com a estrutura preconceituosa e violenta de uma sociedade que tem produzido em grande escala a desigualdade social e a barbárie.

A construção social é nossa!

Referências

ANTUNES, Ângela. *Conselhos de gestão compartilhada*: participação e democracia para uma educação cidadã. Osasco: Secretaria da Educação, 2009.

BENEVIDES, Maria Victoria. *Cidadania ativa.* São Paulo: Ática, 1991.

BENEVIDES, Maria Victoria de M. Educação para a democracia. *Lua Nova:* revista de cultura e política do Cedec, São Paulo, n. 38, p. 223-237, 1996.

BRANDÃO, Carlos Rodrigues. *O que é educação popular.* São Paulo: Brasiliense, 2006. (Primeiros Passos; 318).

BRASIL. CONSTITUIÇÃO DA REPÚBLICA FEDERATIVA DO BRASIL. 2016. Disponível em: https://www2.senado.leg.br/bdsf/bitstream/handle/id/518231/CF88_Livro_EC91_2016.pdf. Acesso em: 17 jun. 2020.

CHAUI, Marilena. Considerações sobre a democracia e os obstáculos à sua concretização. *In*: TEIXEIRA, Ana Claudia Chaves. *Os sentidos da democracia e da participação.* São Paulo: Instituto Polis, 2005.

CONSTITUIÇÃO da República Federativa do Brasil. 7. ed., 1996.

DIRETRIZES Curriculares Nacionais para a Educação das Relações Étnico-Raciais e para o Ensino da História e Cultura Afro-Brasileira e Africana. Disponível em: http://www.sinprosp.org.br/arquivos/afro/diretrizes_relacoes_etnico-raciais.pdf. Acesso em: 21 dez. 2019.

FAVARÃO, Maria José (org.). *Educação cidadã em Osasco:* avanços e desafios. São Paulo: Editora e Livraria do Instituto Paulo Freire, 2009.

GADOTTI, Moacir. *Escola cidadã.* 13. ed. São Paulo: Cortez, 2010. (Coleção Questões da Nossa Época, v. 9).

IAMAMOTO, Marilda Villela. A questão social no capitalismo. *Temporalis/Associação Brasileira de Ensino e Pesquisa em Serviço Social*, Brasília: ABEPSS; Grafline, ano 2, n. 3, jan/jul. 2001.

IAMAMOTO, Marilda Villela. *O Serviço Social na contemporaneidade:* trabalho e formação profissional. 26. ed. São Paulo: Cortez, 2015.

INSTITUTO PAULO FREIRE. *Estatuto da Criança e do Adolescente e Plano Nacional de Educação em Direitos Humanos*. São Paulo: IPF, 2008.

INSTITUTO PAULO FREIRE. Conselho de Gestão Compartilhada em Ação. Caderno de Formação, São Paulo, 2011.

INSTITUTO PAULO FREIRE. Salvar o ECA — Estatuto da Criança e do Adolescente. Disponível em: https://www.paulofreire.org/eca/e_book_ECA.pdf. Acesso em: 21 dez. 2019.

LONGO, I. S. *O aprendizado da participação política:* o Conselho Municipal dos Direitos da Criança e do Adolescente — CMDCA/SP, 2003. Dissertação (Mestrado em Educação) — Faculdade de Educação, Universidade de São Paulo, São Paulo, 2003.

LONGO, I. S. *Conselhos tutelares e escolas públicas de São Paulo:* o diálogo preciso, 2008. Tese (Doutorado em Educação) — Faculdade de Educação, Universidade de São Paulo, São Paulo, 2008.

MÉSZÁROS, István. *A educação para além do capital*. São Paulo: Boitempo, 2005.

ONU. Convenção Internacional dos Direitos da Criança. Disponível em: http://www.unicef.pt/docs/pdf_publicacoes/convencao_direitos_crianca2004.pdf. Acesso em: 21 dez. 2019.

PINI, Francisca Rodrigues de Oliveira. *Os desafios do CONDECA/SP na implementação dos direitos da criança e do adolescente*. 2000. Dissertação (Mestrado em Políticas Sociais, Movimentos Sociais e Serviço Social) — Pontifícia Universidade Católica, São Paulo, 2000.

PINI, Francisca Rodrigues de Oliveira. *Fóruns DCA:* Fios que tecem o movimento da infância e da adolescência na construção de caminhos para a democracia participativa. 2006. Tese (Doutorado em Políticas Sociais, Movimentos Sociais e Serviço Social) — Pontifícia Universidade Católica, São Paulo, 2006.

PINI, Francisca Rodrigues de Oliveira; ADRIANO, Ana Livia. Fundamentos da educação em direitos humanos. *In*: PINI, Francisca Rodrigues de Oliveira; MORAES, Célio Vanderlei (org.). *Educação, participação política e direitos humanos*. São Paulo: Editora e Livraria Instituto Paulo Freire, 2011.

PINI, Francisca Rodrigues de Oliveira; MORAES, Célio Vanderlei (org.). *Educação, participação política e direitos humanos.* São Paulo: Editora e Livraria Instituto Paulo Freire, 2011.

PNAD. Pesquisa Nacional por Amostra de Domicílios. Disponível em: https://www.ibge.gov.br/estatisticas/sociais/educacao/9127-pesquisa-nacional-por-amostra-de-domicilios.html?. Acesso em: 21 dez. 2019.

PORTAL dos Direitos da Criança e do Adolescente. Disponível em: https://www.direitosdacrianca.gov.br/conanda/conteudos-estaticos/propostas-aprovadas-na-xcndca. Acesso em: 21 dez. 2019.

SAFFIOTI, Heleieth. *A mulher na sociedade de classes.* 3. ed. São Paulo: Expressão Popular, 2013.

SALVADOR, Evilásio. Fundo público e políticas sociais na crise do capitalismo. *Serviço Social & Sociedade.* São Paulo: Cortez, n. 104, out/dez., 2010.

SILVA, Maria Ozanira Silva e; YAZBEK, Maria Carmelita; GIOVANNI, Geraldo di. *A política social brasileira no século XXI:* a prevalência dos programas de transferência de renda. São Paulo: Cortez, 2004.

SPOSATI, Aldaíza. Proteção social e seguridade social no Brasil: pautas para o trabalho do assistente social. *Serviço Social & Sociedade,* São Paulo: Cortez, n. 116. out./dez. 2013.

CAPÍTULO 10

Movimentos sociais na defesa dos direitos da criança e do adolescente

Valdênia Aparecida Paulino Lanfranchi

1. Introdução

O dia 20 de novembro traz a celebração de dois acontecimentos importantes para a história da Infância[1] no Brasil. O dia em que se comemoram o marco da consciência negra[2] e a promulgação da

1. Usamos a palavra Infância com letra maiúscula como referência para todo ser humano com menos de 18 anos — art. 1º da Convenção dos Direitos da Criança.

2. O dia da "Consciência Negra", estabelecido no ano de 2003, é uma conquista do Movimento Negro que luta pela igualdade racial e o fim do racismo. A data foi escolhida em homenagem ao líder negro Zumbi dos Palmares que morreu em 20/11/1695.

Convenção dos Direitos da Criança — CDC, que completou 30 anos de vigência. Conhecida como o documento internacional de direitos humanos com maior número de ratificações,[3] a Convenção afirma os princípios da universalidade e da interdependência dos direitos civis, políticos, econômicos, sociais e culturais no campo da Infância, elevando a criança e o/a adolescente ao *status* de sujeito de direitos.

Neste artigo, nos propomos a refletir sobre a incidência da Convenção no direito interno, em especial no artigo 227 da Constituição Federal de 1988 — CF/88 e no Estatuto da Criança e do Adolescente — ECA, buscando identificar a contribuição dos movimentos sociais na afirmação dos mecanismos de proteção e defesa dos direitos humanos instituídos no Sistema de Garantia de Direitos — SGD.

Na primeira parte, apresentamos alguns apontamentos sobre a Infância no Brasil para introduzir o momento histórico no qual se dão a elaboração e a aprovação do ECA, pensando a diversidade da Infância brasileira. Na sequência, refletimos a concepção da proteção integral a partir do princípio da universalidade e interdependência dos direitos humanos. Por fim, apresentamos uma análise sobre os mecanismos de defesa e promoção dos direitos assegurados no ECA, numa conjuntura marcada por ataques e retrocessos aos direitos humanos, seguida das considerações finais.

2. Memórias ocultas da Infância no Brasil

Foram 358 anos de regime escravocrata e sucessivos genocídios de povos indígenas no Brasil. Os escassos documentos desse período (1530-1888) e a memória póstuma revelam que crianças e adolescentes negros e indígenas foram exterminados, abusados sexualmente, explorados nos trabalhos domésticos e nas lavouras. Apesar de genéricas,

3. A Convenção dos Direitos da Criança foi adotada por 196 dos países que são partes na ONU.

essas informações não são abstratas. Elas compõem uma parte da história, cujo registro sofreu censuras, por revelar a barbárie de um sistema genocida (Souza, 2017).

Quanto às crianças brancas, os documentos históricos dão conta da cultura adultocêntrica[4] a que eram submetidas. Muitas meninas, ainda crianças, eram obrigadas ao casamento com homens bem mais velhos como moeda de troca na garantia dos negócios das famílias. Outras eram confinadas em internatos religiosos, impedidas da convivência familiar. Apesar de graves, tais violações não podem ser comparadas com aquelas sofridas pelas crianças indígenas, pois, as que sobreviviam ao extermínio eram submetidas à educação religiosa ocidental, cuja função era domesticá-las para atender ao sistema vigente (Neto, 2000).

Para as crianças, filhas de mulheres e homens trabalhadores escravizados, nem mesmo a educação domesticada dos jesuítas era oferecida. O *status* advindo da Lei do Ventre Livre (28/09/1871), que considerava alforriadas as crianças nascidas a partir daquela data, serviu para apartar muitos bebês negros de suas mães, pois aos senhores de escravos já não interessava o sustento dessa prole.

Há vários estudos sobre o assunto,[5] mas o objetivo aqui não é aprofundá-lo, e sim trazer à memória algumas ocorrências que nos ajudem a compreender o corpo memorioso[6] da infância no Brasil. Do ponto de vista político-jurídico, o que existe sobre as crianças negras e indígenas é uma memória de uma infância negada que resultou

---

4. Sugerimos a leitura da obra *História social da criança e da família*, de Philippe Ariès (1978), em que é resgatada a concepção da infância nos diferentes períodos da história, partindo da Idade Média, quando o conceito de infância sequer era concebido, passando para os séculos XVI e XVII, quando se consolida a visão adultocêntrica da infância.

5. Cf. Veiga (2007); Del Priore (2000); Mamigonian (2017).

6. Cf. Sawaia (2001). A autora trabalha com o conceito "corpo memorioso" extraído dos ensinamentos de Espinosa para ressaltar a importância da memória do que é vivido. A autora enfatiza que o sujeito que sofre a exclusão social não é alguém isolado ("mônada", é o termo que ela utiliza) e responsável pela situação que o faz sofrer e diante da qual se sente impotente para mudá-la. A exclusão acontece nele, mas não se origina nele, e sim nas relações sociais e estruturais da sociedade.

em gerações adultas adoecidas. Contudo, a carga hereditária de humilhação e sofrimento foi muitas vezes transformada em indignação política com incidência na luta por direitos.

Numa conjuntura política onde há um forte movimento de negação dessa memória, é preciso lembrá-la em voz alta para entender o projeto necropolítico[7] que atravessa a luta de classes e a resistência dos movimentos sociais na contraposição a esse projeto.

Os regimes políticos que sucederam o período escravocrata não alteraram em substância a situação da criança e do adolescente no Brasil. Algumas políticas até retrocederam. A título de ilustração, o Código do Império de 1830 estabelecia a idade para responsabilização penal aos 14 anos, enquanto no advento do Código Criminal da República — 1890, a maioridade foi reduzida para os nove anos de idade, retornando aos 14 anos apenas em 1921. No campo das proteções sociais, a caridade e a benevolência como instrumentos de controle social eram a base da conformação política entre o Estado e as classes subalternas (Sposati *et al.*, 2014).

Embora a edição do Código de Menores de 1979[8] reconhecesse os direitos declarados na DUDH (1948), ele funcionou como um instrumento jurídico de controle social, sem a perspectiva emancipatória do sujeito. A associação da delinquência à pobreza serviu de fundamento para justificar as ações repressivas do Estado no cuidado dos menores, filhos das classes subalternas. A institucionalização dessa política passou pelo Serviço de Assistência a Menores (SAM), de responsabilidade do governo federal, até a tomada do poder pelos militares (1964), quando o SAM foi extinto e o problema passou a ser de responsabilidade dos estados.

---

7. A expressão é utilizada pelo filósofo camaronense, Achille Mbembe, para sintetizar os processos de destruição promovidos pelo sistema capitalista que levam à morte as classes subalternas. Mbembe dá o nome de necropolítica ao que considera "sistema de morte" (Mbembe, 2018).

8. O 1º Código de Menores, também conhecido como Código Mello Mattos, é datado de 1927. Esse Código estabeleceu a proibição da "Roda dos Expostos" e reconheceu a imputabilidade penal aos 18 anos, bem como criou a política de atenção aos "delinquentes" e "abandonados".

Nas duas décadas de governo militar, 1964-1985, além das violações e ausências de direitos que alcançavam a Infância mais pobre do país, recordamos o sofrimento das crianças e adolescentes, filhos de pais que lutaram pela liberdade política, pelos direitos civis e econômicos, como se lê no depoimento abaixo:[9]

> *"Meu avô reconheceu o corpo, e na hora do enterro, abriram o caixão, a minha mãe beijou-lhe a mão, eu olhei, fecharam o caixão, levaram, enterraram e nós voltamos para São Paulo. Foi uma coisa super-rápida [...] Eu não acho que o Brasil seja um país que proporciona segurança para ninguém. Eu nunca tive a sensação de acolhimento aqui. É uma coisa que eu tento entender até hoje"* (Depoimento de Suely Coqueiro sobre segurança e sobre o enterro do pai, p. 59 e 61).

A história não é estática e os movimentos pelos direitos vão se dando em diferentes cenários e conjunturas. Na década de 1980, o movimento pelos direitos da criança e do/a adolescente ganha expressividade junto a todas as iniciativas sociais em prol da redemocratização do país e pela afirmação dos direitos humanos. Nesse período, no âmbito internacional, estava em curso a elaboração da Convenção dos Direitos da Criança que viria a ser promulgada em 1989. O segmento da Infância, tendo à frente o Movimento Nacional de Meninos e Meninas de Rua e a Pastoral do Menor (Graciani, 1997), atuou aguerridamente até que os princípios da Convenção fossem incorporados ao art. 227 da Constituição de 1988.

Construído com a participação dos movimentos e organizações sociais, intelectuais, juristas e políticos da área da Infância, o Estatuto da Criança e do Adolescente incorporou um importante arcabouço jurídico com direitos civis, políticos, econômicos, sociais e culturais, e criou os mecanismos de acesso, defesa e promoção dos direitos.

---

9. Os depoimentos foram retirados do livro *Infância roubada:* crianças atingidas pela ditadura no Brasil. Disponível em: https://www.al.sp.gov.br/repositorio/bibliotecaDigital /20800_arquivo.pdf. Acesso em: 21 nov. 2019.

Era a consolidação do paradigma da Doutrina da Proteção Integral anunciado pela Convenção dos Direitos da Criança.

3. Proteção Integral na concepção universalista dos Direitos Humanos

Romper com o paradigma legal da situação irregular e introduzir a proteção integral como parâmetro de atenção foi um dos principais avanços do ECA. A referência à criança e ao/à adolescente não mais como "menor", mas como sujeito de direitos, reconhecendo a peculiaridade de seu desenvolvimento físico, intelectual e social — art. 3º do ECA —, inaugurou uma nova forma de pensar a Infância no país. Não há dúvida de que o enunciado do parágrafo único[10] desse artigo buscou alcançar o universo da Infância em todo o território nacional, incluindo as crianças e adolescentes estrangeiras.

A ênfase da proteção integral pode ser observada no artigo 4º, ao responsabilizar família, sociedade e Estado com relação aos cuidados da criança e do/a adolescente, e no art. 86 que determina que a política de proteção integral deve se dar de forma articulada, a fim de assegurar a cobertura das necessidades inerentes ao desenvolvimento humano. Para assegurar essa proteção em tempo real, avocou a "prioridade absoluta" na prestação da política — art. 4º.

Uma leitura atenta do ECA mostra que o legislador buscou uma redação que fosse o mais abrangente possível, de forma a incluir todas as crianças e adolescentes e todos os direitos fundamentais. O problema é que essa forma principiológica, ao mesmo tempo que é

10. Art. 3º, parágrafo único: "Os direitos enunciados nesta Lei aplicam-se a todas as crianças e adolescentes, sem discriminação de nascimento, situação familiar, idade, sexo, raça, etnia ou cor, religião ou crença, deficiência, condição pessoal de desenvolvimento e aprendizagem, condição econômica, ambiente social, região e local de moradia ou outra condição que diferencie as pessoas, as famílias ou a comunidade em que vivem".

universalista, tende a ocultar os segmentos menos visíveis. É o caso das crianças indígenas e quilombolas que ganharam visibilidade apenas com a Lei n. 12.010, de 2009 (art. 28, parágrafo 6º, do ECA), e da criança e do/a adolescente cigana, que sequer são mencionados.

Trazer a face da diversidade com sua cor, cultura e território[11] é fundamental para pensar a proteção integral na perspectiva da universalidade e interdependência dos direitos. Isso implica entender que a proteção integral é para além do ECA, pois ela só é possível na complementaridade das diferentes áreas de proteção. Por isso, invocar a Lei de Diretrizes e Bases da Educação, o Estatuto da Juventude, o Estatuto da Pessoa com Deficiência, a Lei do Sistema Único de Saúde — SUS, a Lei Orgânica da Assistência Social — LOAS, a Lei do Sistema Único da Assistência Social — SUAS, o Estatuto do Índio, a Lei que versa sobre o ensino da história e cultura afro-brasileira nas escolas (Lei n. 10.639/03), a Lei de Diretrizes Orçamentária, entre outras, é essencial quando se pensa a proteção integral para uma Infância tão diversificada.

Não há dúvida de que o ponto nevrálgico da proteção integral está na construção e promoção das políticas públicas. Sem elas as proteções não acontecem. No curso das últimas duas décadas, muito se fez pela proteção da Infância no Brasil. Para o aniversário de 30 anos da CDC, a UNICEF lançou um relatório com os principais avanços e desafios na área da Infância.[12] Entre os avanços está a redução da mortalidade infantil, a ampliação da obrigatoriedade da escolaridade para 17 anos, a redução de crianças e adolescentes submetidas ao trabalho infantil, mas ressalta que as 11,8 mil meninas e meninos de 10 a 19 anos assassinados em 2017 habitavam territórios desprovidos de serviços básicos de saúde, assistência social, educação, cultura e lazer.

11. Koga e Nakano (2006, p. 99), ao tratar da importância do território na luta por garantias de direitos, diz que quando o sujeito é reconhecido a partir do território onde vive, ele tem condições e poder para interferir nas decisões coletivas que dizem respeito ao seu destino.

12. Disponível em: http://www.crianca.mppr.mp.br/2019/11/214/PUBLICACAO-30-anos-da-Convencao-sobre-os-Direitos-da-Crianca.html. Acesso em: 25 nov. 2019.

Corroborando as informações do relatório publicado pela UNICEF, o total de assassinatos no ano de 2017, incluindo os jovens, chegou a 35.783.[13] Um genocídio[14] corroborado pela política que estabeleceu o teto de gastos[15] para as políticas públicas e alimentado pela política de morte do governo em exercício.

Pensar a proteção integral diante das demandas emergentes, sejam elas oriundas das periferias urbanas ou das comunidades rurais e tradicionais, é um desafio a ser enfrentado pelo Sistema de Garantia de Direitos — SGD.

4. Mecanismos de proteção e defesa no Sistema de Garantia de Direitos

Quando se pensa um sistema, a referência é de um conjunto de elementos que funcionam harmonicamente em torno de um objetivo (Porto, 1999). Nessa perspectiva foi desenhado o Sistema de Garantia de Direitos para assegurar a proteção integral da criança e do/a adolescente. A práxis desse Sistema se pauta pela interdependência dos direitos fundamentais, princípio assegurado no Estatuto da Criança e do Adolescente, conforme já mencionado.

O ECA traz um conjunto de mecanismos que compõem o SGD: os conselhos de direitos; o conselho tutelar; as instituições do sistema

---

13. Cf. *Atlas da Violência* — Ipea. Disponível em: http://www.ipea.gov.br/ portal/index.php?option=com_content&view=article&id=34784&Itemid=432. Acesso em: 16 nov. 2019.

14. No ano de 2015, o Congresso brasileiro instalou uma CPI na Câmara dos Deputados e, em 2016, no Senado Federal, para investigar as mortes de jovens negros e pobres no país. A conclusão foi pelo reconhecimento de que está em curso o genocídio da juventude negra no Brasil. Disponível em: https://www.camara.leg.br/proposicoesWeb/prop_mostrarintegra?codteor= 1361419; www12.senado.leg.br/noticias/arquivos/2016/06/08/veja-a-integra-do-relatorio-da-cpi-do-assassinato-de-jovens. Acesso em: 16 nov. 2019.

15. Emenda Constitucional n. 95. Disponível em: https://www12.senado.leg.br/noticias/materias/ 2016/12/15/promulgada-emenda-constitucional-do-teto-de-gastos. Acesso em: 25 nov. 2019.

de justiça; o poder executivo. Compondo esta lista, quis o legislador designar a família, a comunidade e a sociedade como corresponsáveis na proteção da criança e do/a adolescente (art. 4º, parágrafo único). Após 30 anos de ECA, podemos verificar que para um bom funcionamento do SGD é preciso que as instituições tenham conhecimento das atribuições dos seus pares, mas também compactuem um ideal de sociedade que abrigue a proteção integral baseada no princípio da universalidade e indivisibilidade dos direitos.

Quando essas duas perspectivas não estão alinhadas, abre-se espaço para violações de direitos e a revitimização das crianças e suas famílias. Um exemplo acerca desse desalinhamento pode ser observado nos despejos coletivos, cada vez mais comuns nas cidades. A título de ilustração, apresentamos aqui o despejo de 54 famílias da comunidade Pró-Morar, situada na região de Sapopemba, zona leste da cidade de São Paulo. Essas famílias se alojaram em casas de alvenaria e madeira em um terreno de propriedade da prefeitura. Esta, seguindo a orientação do Ministério Público Estadual, resolveu ingressar com ação judicial para remoção das moradias em áreas de risco. Para onde iriam as famílias? Quais as suas necessidades? Quantas crianças e adolescentes existiam ali? Eram questões que não interessaram ao Poder Executivo, ao Ministério Público ou ao Poder Judiciário. O despejo ocorreu em meados do mês de setembro de 2017.

Para além do direito à moradia e à convivência comunitária, o direito à educação também foi menosprezado. Um processo desta natureza pode levar anos para que a sentença seja dada e executada. A LDB da educação determina que o ano letivo deve ter no mínimo 200 dias letivos, intercalados por duas férias escolares. Esses intervalos poderiam ser levados em consideração nas ordens de execução dos despejos, o que minimizaria as violações de direitos nelas contidas, pois impediria a interrupção do ano escolar da criança e do/a adolescente.

A desconsideração deste aspecto, além de violar o direito à moradia e à educação, viola o direito à assistência social, já que o benefício do Bolsa Família exige comprovação de frequência escolar. Ora, como se movimentam as instituições e os agentes do SGD? Qual a atuação do Conselho Tutelar? Qual a iniciativa, como *custos legis*, do Ministério Público? Qual deve ser a prioridade das autoridades do Poder Executivo na gestão dos serviços de interesse superior da população mais pobre? Essas provocações podem servir de guias para identificar as lacunas do SGD e orientar estratégias mais assertivas na defesa dos direitos. Para tanto, como ensina Pini (2016), é preciso que os agentes do SGD sejam capazes de agir a partir de uma análise sistêmica dos problemas.

Outra situação cada vez mais comum diz respeito às mães que fazem uso abusivo de drogas. Enquanto a Organização Mundial de Saúde — OMS — considera esse uso um problema de saúde pública,[16] o Sistema de Garantia de Direitos prefere tratar o assunto pelo viés criminalizador. Não são raros os casos de mães adolescentes e jovens, nessas condições, que procuram o CEDECA Sapopemba[17] com a denúncia de que suas crianças foram retiradas do poder familiar ainda na maternidade dos hospitais. Em uma situação específica, quando o serviço social de um desses hospitais descobriu que a mãe fazia uso abusivo de drogas, acionou o Conselho Tutelar, cuja medida imediata foi o acolhimento institucional, sem que fosse esgotada a consulta à família extensa.

O processo judicial tardou sete meses até que a criança retornasse à família, na modalidade de guarda para a avó materna. A avó foi advertida pela equipe técnica do setor psicossocial do Poder Judiciário de que a genitora da criança não poderia morar na mesma casa porque a criança estaria em risco. Na medida em que os agentes do SGD declinam da análise sistêmica das situações de desproteção, acabam por adotar práticas culpabilizadoras para com as vítimas, esquivando o poder público da responsabilidade de assegurar os direitos sociais.

Outro aspecto importante no caso das genitoras que fazem uso abusivo de drogas diz respeito à práxis dos conselhos tutelares de registrar

16. Disponível em: http://bvsms.saude.gov.br/component/content/article?id=2908. Acesso em: 18 nov. 2019.

17. ONG que atua desde o ano de 1989 na defesa dos direitos da criança e do adolescente na região de Sapopemba, na cidade de São Paulo.

Boletim de Ocorrência Policial quando decidem por institucionalizar a criança. Bastaria um relatório circunstanciado dos fatos a ser encaminhado à Vara da Infância. A partir do momento em que se registra o B.O., o nome dessa mãe é lançado no Sistema de Segurança Pública como acusada por crime de negligência ou qualquer outra tipificação. Esse registro gera consequências sérias para a vida dessa genitora. Entre elas, torna-se um obstáculo ao acesso a vagas de emprego. É habitual, na admissão de uma empregada doméstica ou para qualquer outro ingresso no mercado de trabalho, o pedido de antecedentes criminais. Ainda que o processo de destituição do poder familiar não resulte em uma ação criminal condenatória, a genitora da criança terá seu nome no sistema da polícia, motivo suficiente para não ser admitida.

Ademais, afastar a mãe da moradia e proibir o contato com seu/sua filho/a, é penalizar a criança numa fase da vida em que o afeto e o contato físico com a mãe são de suma importância para o seu desenvolvimento psicossocial. Nem a condição de condenada é motivo para a incomunicabilidade com o/a filho/a. A Lei de Execuções Penais — LEP, art. 83, parágrafo 2º, assegura o direito de amamentar pelo prazo mínimo de seis meses, bem como receber visitas da prole. Desde o mês de fevereiro de 2018, por decisão do Supremo Tribunal Federal — STF,[18] as mulheres grávidas ou que têm filhos até doze anos devem cumprir a prisão preventiva em casa, tudo para que o direito à convivência familiar seja assegurado aos filhos.

Como se observa, o SGD funciona em meio a contradições. Isso porque, no seu conjunto, as instituições e seus agentes funcionam segundo a ideologia e os interesses que defendem. Fazer funcionar o SGD em favor da proteção integral das crianças da população desfavorecida tem se tornado um desafio cada vez mais difícil, porque isso envolve interesses econômicos e políticos de classe, e vai na contramão da lógica mercantilista e do Estado Mínimo inerente ao sistema neoliberal capitalista.

---

18. Conferir *Habeas Corpus* n. 143641, da Segunda Turma do Supremo Tribunal Federal (STF), concedido em 20/02/2018.

Como ensina Ferreira (2010, p. 267), para acabar com o SGD não é preciso revogar o ECA, basta ir esvaziando o seu conteúdo. Desde a sua promulgação, o ECA vem sofrendo emendas em seu texto. Muitas delas visam ao aprimoramento do acesso aos direitos,[19] outras contradizem os objetivos originários do ECA. Um exemplo é a Lei n. 13.824, de 09/05/2019, que permite mandatos contínuos para os Conselhos Tutelares, o que afronta o princípio democrático da alternância. Nesta linha, lembramos a Lei n. 13.798, de 03/01/2019, que cria a Semana de prevenção à gravidez. Em vez de trabalhar a questão de gênero numa perspectiva emancipatória, esse tipo de proposta nega a responsabilidade paterna e responsabiliza, de forma moralista, a menina pelo ato sexual que resultou na gravidez.

Os retrocessos não param por aí. A Ministra de Direitos Humanos do atual governo, ao anunciar as alterações no ECA, enfatizou que anunciava "um novo ECA". Essa fala é carregada de conteúdo ideológico, certamente contrário à filosofia emancipatória e do reconhecimento da criança e do/a adolescente como sujeitos de direitos. Nesta mesma direção, a Ministra distorce a interpretação sobre o Pacto de São José da Costa Rica ao justificar o desrespeito à liberdade de ensino dos docentes, usando o disque 100, criado como instrumento de proteção para perseguir o docente que não reza a cartilha da Escola sem Partido.[20]

O esvaziamento dos mecanismos de proteção e defesa também ocorre no desmonte do SUAS e do SUS, quando se favorecem a política de privatização e a ideologia da meritocracia. Outro segmento do SGD que deve ser observado é o Sistema de Justiça. Numa pesquisa sobre a grade curricular do edital do concurso público para a Magistratura do Estado de São Paulo, publicado em 2016,[21] constatamos que, em todo o documento, não havia uma só menção das expressões:

19. A exemplo da Lei n. 12.010/2009, que trata do direito à Convivência Familiar e Comunitária, e a Lei do SINASE.

20. Disponível em: https://g1.globo.com/jornal-nacional/noticia/2019/11/20/governo-cria-canal-para-denuncias-sobre-ocorrencias-em-escolas.ghtml. Acesso em: 21 nov. 2019.

21. A pesquisa foi realizada por esta autora para o trabalho de tese de doutorado em Serviço Social pelo Programa de Pós-graduação da PUC-SP.

assistência social, SUAS e SINASE. Essa constatação indica que os direitos socioassistenciais não estão na ordem de prioridade na instituição julgadora, o que corrobora, como enfatiza Fávero (2018, p. 58), para a sua não integração com os demais órgãos do SGD.

Quanto aos mecanismos de controle social, os Conselhos de Direitos, que compõem o Sistema de Garantia de Direitos, deveriam ter um papel importante na elaboração da política pública. Pela paridade inerente à sua natureza, cabe aos membros da sociedade civil trazer para o centro das discussões as necessidades do território, diminuindo a distância entre o território e os gabinetes políticos, pois sua função não é de executar, mas decidir sobre a melhor política pública (Porto, 1999, p. 87).

Por serem os Conselhos espaços de participação da sociedade civil com poder deliberativo e de controle social, sua conformação é objeto de acirrada disputa política. Nos governos mais retrógrados, os Conselhos são vistos como empecilho ou ameaça e podem desaparecer com medidas como o Decreto Presidencial n. 9.759, de abril de 2019, que extinguiu vários Conselhos, entre eles o da pessoa com deficiência.[22]

Se nos anos 1980 o papel dos movimentos sociais foi promover direitos e trabalhar na construção de políticas sociais, na atual conjuntura, eles devem resgatar a resistência e lutar para preservar os direitos e os mecanismos de proteção e defesa inerentes ao SGD, sob pena de assistir ao seu desaparecimento.

5. Conclusão

A história da Infância no Brasil é marcada por violências de toda natureza, em especial contra a criança e o/a adolescente indígenas,

22. Publicada em 13 de abril de 2019, a notícia divulga o Decreto Presidencial n. 9.759, que extingue vários Conselhos de direitos. Disponível em: https://observatoriog.bol.uol.com.br/noticias/direitos/2019/04/bolsonaro-extingue-conselho-nacional-lgbt-e-o-conselho-dos-direitos-da-pessoa-com-deficiencia. Acesso em: 28 jul. 2019.

quilombolas, ciganas, negras e brancas das periferias urbanas. Nem sempre, a diversidade da Infância brasileira mereceu atenção por parte de quem pensa políticas públicas. Os direitos da criança e do/a adolescente partem de uma perspectiva caritativa e benevolente que visa atender aos padrões de disciplina do Estado. Apenas nos anos 1980, período de luta pela redemocratização do país e sob a influência da Convenção dos Direitos da Criança, o movimento social logrou alcançar o patamar de proteção integral e o reconhecimento da criança e do/a adolescente como sujeito de direitos.

Todo processo de luta pelos direitos da Infância foi e é atravessado pela luta de classes e pela cultura meritocrática e reducionista imposta pelo sistema neoliberal capitalista. No curso dos últimos quase 30 anos, o ECA incidiu em importantes políticas na área da Infância, o que não impediu o crescimento do número de assassinatos da juventude negra e pobre. Embora sofrendo ataques e processos de criminalização, cabem aos movimentos sociais o enfrentamento aos retrocessos, a luta pela preservação dos direitos e das políticas públicas sociais e o acirramento no controle do SGD para que seja mais assertivo nas políticas de proteção da criança e do/a adolescente.

Referências

ARIÈS, Philippe. *História social da criança e da família.* 2. ed. Tradução: Dora Flaksman. Rio de Janeiro: LTC, 1978.

DEL PRIORE, Mary. O cotidiano da criança livre no Brasil entre a Colônia e o Império. *In*: DEL PRIORE, Mary (org.). *História das crianças no Brasil.* São Paulo: Contexto, 2000.

FÁVERO, Eunice. Serviço Social no sociojurídico: requisições conservadoras e resistências na defesa de direitos. *Serviço Social Sociedade,* São Paulo: Cortez, n. 131, p. 51-74, jan./abr. 2018.

FERREIRA, Eduardo D. S. *Liberdade assistida no Estatuto da Criança e do Adolescente:* aspectos da luta pela implementação de direitos fundamentais. São Paulo: FAPESP Educ., 2010.

GRACIANI, M. S. S. *Pedagogia social de rua.* São Paulo: Cortez, 1997.

KOGA, Dirce; NAKANO, Kazuo. Perspectivas territoriais e regionais para políticas públicas brasileiras. *Revista Trimestral de Serviço Social,* ano XXVII, n. 85, mar. 2006.

MAMIGONIAN, G. Beatriz. *Africanos livres:* a abolição do tráfico de escravos no Brasil. São Paulo: Companhia das Letras, 2017.

MBEMBE, Achille. Necropolítica: biopoder, soberania, estado de exceção, política da morte. *Artes e Ensaios,* Rio de Janeiro: Programa de Pós-graduação em Artes Visuais, Escola de Belas-Artes da Universidade Federal do Rio de Janeiro, 2018.

NETO, J. Clemente de S. História da criança e do adolescente no Brasil. *Revista Unifeo:* revista semestral do Centro Universitário FIEO, ano 2, n. 3, 2000.

PINI, Francisca R. O.; SILVA, Natália C. Controle social e sujeitos políticos: A contribuição da educação popular na gestão da política da Assistência Social, *Revista UniFreire:* Universitas Paulo Freire, ano 4, edição 4, dez. 2016.

PORTO, César M. Um sistema de garantia de direitos — inter-relações (A). *In*: PORTO, César M. (org.). *CENDHEC, Sistema de Garantias de Direitos:* um caminho para a proteção integral. Recife: Centro Dom Helder Câmara de Estudos e Ação Social. 1999.

SAWAIA, Bader *et al.* (org.). *As artimanhas da exclusão:* análise psicossocial e ética da desigualdade social. 3. ed. Petrópolis: Vozes, 2001.

SOUZA, Jessé de. *A elite do atraso:* da escravidão à Lava Jato. São Paulo: Leya, 2017.

SPOSATI, Aldaíza *et al. Assistência na trajetória das políticas sociais brasileiras:* uma questão em análise. 1. ed. 1985/12. ed. São Paulo: Cortez, 2014.

VEIGA, Cyntia G. Cultura escrita: representações da criança e o imaginário da infância. Brasil, século XIX. *In*: LOPES, Alberto; FARIA, Filho; MENDES, Luciano; FERNANDES, Rogério. *Para a compreensão histórica da infância.* Belo Horizonte: Autêntica, 2007.

SOBRE OS/AS AUTORES/AS

ALDAÍZA SPOSATI — Professora titular da PUC-SP no Programa de Pós-graduação em Serviço Social, onde coordena o NEPSAS. Membro da carreira de pesquisador do CNPq com pesquisas no campo da criança e, sobretudo, do adolescente a quem é atribuída autoria de ato infracional. Autora de espaço de defesa e proteção na Câmara de São Paulo: a Comissão da Criança e do Adolescente, e autora de leis de defesa da criança e do adolescente na cidade de São Paulo. E-mail: aldaiza@sposati.com.br.

ANA CAROLINA OLIVEIRA GOLVIM SCHWAN — Defensora Pública do Estado de São Paulo. Coordenadora do Núcleo Especializado da Infância e Juventude. E-mail: acschwan@defensoria.sp.def.br.

PADRE BRUNO SECHI (*in memoriam*) — Fundador do Movimento República de Emaús em Belém do Pará, com meninos e meninas em situação de rua. Cofundador e primeiro coordenador do Movimento Nacional de Meninos e Meninas de Rua. Membro fundador da ANCED — Associação Nacional dos Centros de Defesa da Criança e do Adolescente. Coordenador da Comissão Justiça e Paz da Arquidiocese de Belém. Faleceu em 29 de maio de 2020.

DAYSE CESAR FRANCO BERNARDI — Mestra em Psicologia Social (PUC-SP). Membro do Conselho Gestor do NECA — Associação de Pesquisadores e Formadores na área da Criança e do Adolescente, da Coordenação Colegiada do Movimento pela Proteção Integral de Crianças e Adolescentes e do Movimento Nacional Pró-Convivência Familiar e Comunitária. E-mail: dayse.bernardi@gmail.com.

EDUARDO DIAS DE SOUZA FERREIRA — Mestre e doutor em Direito pela PUC-SP, onde leciona Direitos Humanos e Infância e Juventude. Promotor de Justiça do Estado de São Paulo, com atribuições na área de Direitos Difusos e Coletivos da Infância da capital. E-mail: edsferreira@pucsp.br, edudiasf@terra.com.br, eduardo@mpsp.mp.br.

EUNICE TERESINHA FÁVERO — Assistente Social e Doutora em Serviço Social. Coordenadora do Núcleo de Estudos e Pesquisas sobre Crianças e Adolescentes: ênfase no Sistema de Garantia de Direitos — NCASGD, do PPGSSO/PUC-SP. Pesquisadora sobre Serviço Social na Área Sociojurídica. E-mail: eunicetf@gmail.com.

FRANCISCA RODRIGUES OLIVEIRA PINI — Assistente Social e Doutora em Serviço Social. Coordenadora Adjunta do Grupo de Estudo, Pesquisa e Extensão sobre Crianças, Adolescentes e Famílias (GCAF/UNIFESP/Baixada Santista). Diretora Pedagógica do Instituto Paulo Freire. Integrante da Comissão Estadual de Educação em Direitos Humanos do Condepe e filiada à ANDHEP. E-mail: pinifrancisca@gmail.com.

IOLETE RIBEIRO DA SILVA — Psicóloga. Doutora em Psicologia pela UnB. Bolsista Produtividades CNPq 2 e Conselheira do Conselho Federal de Psicologia (2016-2019). Presidenta do CONANDA (2020). E-mail: iolete.silva@gmail.com.

MARIA LIDUÍNA DE OLIVEIRA E SILVA — Coordenadora do Programa de Pós-graduação em Serviço Social e Políticas Sociais (PPGSSPS) e docente do curso de Serviço Social da Unifesp. Coordenadora do Grupo de Estudo, Pesquisa e Extensão em Criança, Adolescente e Família (GCAF). Assessora editorial da área de Serviço Social da Cortez Editora. E-mail: liduoliveira90@gmail.com.

MÁRCIA CAMPOS EURICO — Mestre e Doutora em Serviço Social pela PUC-SP. Docente do Curso de Serviço Social e da Pós-Graduação da Faculdade Paulista de Serviço Social — FAPSS-SP. Coordenadora do Núcleo de Pesquisa em Relações Étnico-Raciais e Serviço Social Carolina Maria de Jesus — FAPSS/SP. Assistente social do Instituto Nacional de Seguridade Social — INSS. E-mail: marciamayza08@gmail.com.

MARÍLIA CERQUEIRA LIMA — Graduada em Serviço Social pela Universidade Federal de Alagoas e em Direito pelo Centro Universitário CESMAC/AL, onde é professora titular de Direito da Infância e da Juventude. Mestre em Direito pela PUC-SP. Promotora de Justiça do Estado de Alagoas, titular da 12ª Promotoria de Justiça da Capital. E-mail: mariliacerqueira_@hotmail.com.

PAULO AFONSO GARRIDO DE PAULA — Procurador de Justiça. Ex-Corregedor Geral do Ministério Público do Estado de São Paulo. Ex-Presidente da Associação Brasileira de Magistrados e Promotores de Justiça da Infância e da Juventude. Coautor do anteprojeto de lei que deu origem ao Estatuto da Criança e do Adolescente. Autor e coautor de livros e artigos jurídicos. Mestre em Direito Social pela PUC-SP. Professor, palestrante e conferencista. E-mail: pagarrid@mpsp.mp.br.

PETER GABRIEL MOLINARI SCHWEIKERT — Defensor Público do Estado de São Paulo. Membro do Núcleo Especializado da Infância e Juventude. E-mail: pgschweikert@defensoria.sp.def.br.

VALDÊNIA APARECIDA PAULINO LANFRANCHI — Advogada e ativista de direitos humanos. Mestra em Direito Social pela PUC-SP. Doutoranda em Serviço Social pelo Programa de Pós-graduação da PUC-SP. E-mail: valdeniapaulino@gmail.com.

WANDERLINO NOGUEIRA NETO (*in memoriam*) — Procurador de Justiça do Estado da Bahia. Membro da Associação Nacional dos Centros de Defesa de Crianças e Adolescentes (ANCED). Representante brasileiro no Comitê dos Direitos da Criança do Alto Comissariado para Direitos Humanos da ONU. Faleceu em 26 fev. 2018.

LEIA TAMBÉM

O ESTATUTO DA CRIANÇA E DO ADOLESCENTE E O PROFESSOR reflexos na sua formação e atuação

Luiz Antonio Miguel Ferreira

2ª edição (2010) • 144 páginas • ISBN 978-85-249-1393-8

Qual educador não se deparou com problemas envolvendo o aluno e a lei? Este livro supre a lacuna e aprofunda os estudos na questão legal e educacional para a garantia do direito à educação, visando dar o respaldo necessário ao professor para sua atuação docente.

ADOLESCENTE, ATO INFRACIONAL E SERVIÇO SOCIAL NO JUDICIÁRIO trabalho e resistências

Cilene Terra e Fernanda Azevedo

1ª edição (2018) • 160 páginas • ISBN 978-85-249-2704-1

A presente obra discute o trabalho das(os) Assistentes Sociais no Fórum das Varas Especiais da Infância e Juventude do Tribunal de Justiça do Estado de São Paulo. Problematiza de forma crítica a função do direito na sociedade capitalista, que é reafirmada pelo Judiciário na sua relação com o Legislativo e com o Executivo a partir do atendimento às expressões da Questão Social, no que se refere à juventude e à violência na cidade de São Paulo.